Der Anti-Stress-Trainer
für Projektmanager

Markus Blaschka

Der Anti-Stress-Trainer für Projektmanager

Auf den Punkt geplant und trotzdem entspannt

Markus Blaschka
Geschäftsführung
Dr. Blaschka & Netzwerk
Raubling, Bayern, Deutschland

ISBN 978-3-658-15859-0   ISBN 978-3-658-15860-6   (eBook)
DOI 10.1007/978-3-658-15860-6

Die Deutsche Nationalbibliothek verzeichnet diese Publikation in der Deutschen Nationalbibliografie; detaillierte bibliografische Daten sind im Internet über http://dnb.d-nb.de abrufbar.

Springer Gabler

Lektorat: Annika Hoischen
Redaktion: Marina Bayerl
Coverdesign: deblik Berlin

Gedruckt auf säurefreiem und chlorfrei gebleichtem Papier

Springer Gabler ist Teil von Springer Nature
Die eingetragene Gesellschaft ist Springer Fachmedien Wiesbaden GmbH
Die Anschrift der Gesellschaft ist: Abraham-Lincoln-Str. 46, 65189 Wiesbaden, Germany

Vorwort

Als ich das Angebot bekam, für diese Buchreihe meinen Beitrag zu leisten, kam mir als erstes der Gedanke: Ist aber auch höchste Zeit! Denn Projektmanager haben in der Tat einen stressigen Berufsalltag. Ich bin inzwischen über 14 Jahre als selbstständiger (IT-)Projektmanager im Einsatz und kann das bestätigen. Und zwar unabhängig davon, ob ich bei einem Mittelständler oder einem international tätigen Konzern eingesetzt war. Dabei fällt mir besonders auf, dass ein Großteil der Probleme, die letztlich Stress verursachen, erstens jeweils hausgemacht sind und zweitens zumeist menschlicher Natur. In Erinnerung geblieben ist mir zum Beispiel der Einsatz bei einem IT-Projekt, bei dem der Projektmanager vor der Geschäftsleitung geradezu zu Kreuze kriechen musste, damit nötige Entscheidungen gefällt wurden und das Projekt vorangetrieben werden konnte. Ich habe erlebt, wie gestandene

Männer und berufserfahrene Frauen, eben noch in leitender Funktion, „ganz klein mit Hut" vorm Lenkungskreis standen und wie ein Schüler, der ausgefragt wird, ihre Anliegen vortrugen. Machtkämpfe in Unternehmen sind ein Tabu-Thema, das ist mir durchaus bewusst. Und doch sind engagierte Projektmanager ihnen tagtäglich ausgeliefert, obwohl man doch meinen müsste, für ein sinnvolles Projekt ruderten alle Stakeholder in die gleiche Richtung. Ich habe leider allzu oft Wut, Verzweiflung, Ohnmacht, Resignation und Frust gespürt in meinen zahlreichen Gesprächen mit Projektmanagern. Wie schade, denn sie haben einen der abwechslungsreichsten Berufe und könnten viel Erfüllung darin finden. Mein Appell ist daher an Projektteams und ihre Manager: Das Zwischenmenschliche ist oft das Entscheidende am Projekt, die Fachkenntnis kommt erst an zweiter Stelle. Sie können Ihre Vorgesetzten und Auftraggeber, den Lenkungskreis und Ihre Stakeholder nicht ändern. Aber Sie können bei sich selbst beginnen und der Projektmanager werden, in dessen Team Sie selbst gerne arbeiten würden! Ich hoffe, dass Ihnen dieses Buch dazu viele Anregungen liefert. Bedenken Sie, dass Ihr Stress auch der Stress Ihres Teams ist. Je gelassener Sie Ihr Projekt steuern, desto produktiver und motivierter werden Ihre Leute arbeiten können. Das gilt bekannterweise für alle Arten der Führung.

Einen Hinweis habe ich noch für Sie: Wenn Sie dieses Buch lesen, wird Ihnen auffallen, dass ich mal vom Projektmanager schreibe, dann wieder vom Projektleiter. Ich verwende beide Begriffe synonym. Denn weder die Rolle des Projektmanagers, noch die des Projektleiters ist eindeutig geklärt und es gibt in Deutschland kein klares

Berufsbild für sie. Selbst die DIN-Normen zum Projektmanagement klären die Frage, welche Bezeichnung die passende ist, nicht abschließend. Beide Bezeichnungen sind meiner Meinung nach richtig, auch wenn Projektleitung oft mit „Führung" assoziiert wird und Projektmanagement mehr mit administrativen Aufgaben und Methodik. Letztlich kommt es auf die jeweilige Unternehmenskultur und ihr Verständnis von Projektarbeit an, ob man vom „Projektmanager" oder vom „Projektleiter" spricht.

Ihr

Raubling, Deutschland   Dr. Markus Blaschka

Inhaltsverzeichnis

Über den Autor

 **Dr. Markus Blaschka** hat sich als Experte für Projektmanagement in der Automotive- und IT-Branche einen Namen gemacht und ist seit über zehn Jahren erfolgreich als Trainer, Coach und Berater tätig. Mit seinem Unternehmen Dr. Blaschka & Netzwerk mit Sitz in Oberbayern hat er eine Expertenplattform für die Bereiche Projektmanagement, Business Coaching und Führung geschaffen. Die Erfahrungen aus der Unternehmenspraxis haben Markus Blaschka selbst zu weiteren Qualifikationen, unter anderem im Bereich Gesundheits- und Stressmanagement, veranlasst. Dazu gehört etwa gesundes

Führungsverhalten. Mit dem Thema Leadership befasst sich Markus Blaschka laufend in unterschiedlichen Settings. So etwa mit Führen in zunehmend komplexen und unsicheren Arbeitswelten. Die Zukunft der Arbeit im digitalen Zeitalter („Arbeit 4.0") mit ihren Anforderungen, insbesondere an Führungskräfte, spielt bei seinen Beratungen und Coachings eine zentrale Rolle. Er ist zertifizierter Scrum Master und begleitet Unternehmen unter anderem beim Übergang in Agiles Projektmanagement oder unterstützt sie bei diesem Prozess.

Darüber hinaus befasst sich Markus Blaschka regelmäßig mit neuen Ansätzen und Impulsen, etwa aus der Neuropsychologie und Neurobiologie – zum Beispiel mit Embodiment. Hier fasziniert ihn die Wechselwirkung zwischen Körper und Psyche, was zunehmend auch im Business-Kontext an Bedeutung gewinnt. Markus Blaschka veröffentlicht regelmäßig Beiträge in deutschsprachigen Fachmedien und auf seinem Blog unter www.drblaschka.de.

1

Kleine Stresskunde: Das Adrenalinzeitalter

Peter Buchenau

Das Konzept der Reihe

Möglicherweise kennen Sie bereits meinen Anti-Stress-Trainer (Buchenau 2014). Das vorliegende Kapitel greift darauf zurück, weil das Konzept der neuen Anti-Stress-Trainer-Reihe die Tipps, Herausforderungen und Ideen aus meinem Buch mit den jeweiligen Anforderungen der unterschiedlichen Berufsgruppen verbindet. Die Autoren, die jeweils aus Ihrem Jobprofil kommen, schneiden diese Inhalte dann für Sie zu. Viel Erfolg und passen Sie auf sich auf.

Leben auf der Überholspur: Sie leben unter der Diktatur des Adrenalins. Sie suchen immer den neuen Kick, und das nicht nur im beruflichen Umfeld. Selbst in der Freizeit, die Ihnen eigentlich Ruhephasen vom Alltagsstress bringen sollte, kommen Sie nicht zur Ruhe. Mehr als 41 % aller Beschäftigten geben bereits heute an, sich in der Freizeit

© Springer Fachmedien Wiesbaden GmbH 2017
M. Blaschka, *Der Anti-Stress-Trainer für Projektmanager,*
DOI 10.1007/978-3-658-15860-6_1

nicht mehr erholen zu können. Tendenz steigend. Wen wundert es?

Anstatt sich mit Power-Napping (Kurzschlaf) oder Extrem-Coaching (Gemütlichmachen) in der Freizeit Ruhe und Entspannung zu gönnen, macht die Gesellschaft vermehrt Extremsportarten wie Fallschirmspringen, Paragliding, Extremclimbing oder Marathon zu ihren Hobbys. Jugendliche ergeben sich dem Komasaufen, der Einnahme von verschiedensten Partydrogen oder verunstalten ihr Äußeres massiv durch Tattoos und Piercing. Sie hasten nicht nur mehr und mehr atemlos durchs Tempoland Freizeit, sondern auch durch das Geschäftsleben. Ständige Erreichbarkeit heißt die Lebenslösung. Digitalisierung und mobile virtuelle Kommunikation über die halbe Weltkugel bestimmen das Leben. Wer heute seine E-Mails nicht überall online checken kann, wer heute nicht auf Facebook, Instagram & Co. ist, ist out oder schlimmer noch, der existiert nicht.

Klar, die Anforderungen im Beruf werden immer komplexer. Die Zeit überholt uns, engt uns ein, bestimmt unseren Tagesablauf. Viel Arbeit, ein Meeting jagt das nächste, und ständig klingelt das Smartphone. Multitasking ist angesagt, und wir wollen so viele Tätigkeiten wie möglich gleichzeitig erledigen.

Schauen Sie sich doch mal in Ihren Meetings um. Wie viele Angestellte in Unternehmen beantworten in solchen Treffen gleichzeitig ihre E-Mails oder schreiben WhatsApp-Nachrichten? Kein Wunder, dass diese Mitarbeiter dann nur die Hälfte mitbekommen und Folgemeetings notwendig sind. Ebenfalls kein Wunder, dass das Leben einem davonrennt. Aber wie sagt schon ein altes chinesisches Sprichwort: „Zeit hat nur der, der sich auch Zeit nimmt." Zudem ist es unhöflich, seinem Gesprächspartner nur halb zuzuhören.

Das Gefühl, dass sich alles zum Besseren wendet, wird sich mit dieser Einstellung nicht einstellen. Im Gegenteil: Alles wird noch rasanter und flüchtiger. Müssen Sie dafür Ihre Grundbedürfnisse vergessen? Wurden Sie mit Stress oder Burn-out geboren? Nein, sicherlich nicht. Warum müssen Sie sich dann den Stress antun?

Zum Glück gibt es dazu das Adrenalin. Das Superhormon, die Superdroge der High-Speed-Gesellschaft. Bei Chemikern und Biologen auch unter $C9H13NO3$ bekannt. Dank Adrenalin schuften Sie wie ein Hamster im Rad. Schneller und schneller und noch schneller. Sogar die Freizeit läuft nicht ohne Adrenalin. Der Stress hat in den letzten Jahren dramatisch zugenommen und somit auch die Adrenalinausschüttung in Ihrem Körper.

Schon komisch: Da produzieren Sie massenhaft Adrenalin und können dieses so schwer erarbeitete Produkt nicht verkaufen. Ja, nicht mal verschenken können Sie es. In welcher Gesellschaft leben Sie denn überhaupt, wenn Sie für ein produziertes Produkt keine Abnehmer finden?

Deshalb die Frage aus betriebswirtschaftlicher Sicht an alle Unternehmer, Führungskräfte und Selbstständigen: Warum produziert Ihr ein Produkt, das Ihr nicht am Markt verkaufen könnt? Wärt Ihr meine Angestellten, würde ich Euch wegen Unproduktivität und Fehleinschätzung des Marktes feuern.

Stress kostet Unternehmen und Privatpersonen viel Geld. Gemäß einer Studie der Europäischen Beobachtungsstelle für berufsbedingte Risiken (mit Sitz in Bilbao) vom 04.02.2008 leidet jeder vierte EU-Bürger unter arbeitsbedingtem Stress. Im Jahre 2005 seien 22 % der europäischen Arbeitnehmer von Stress betroffen gewesen, ermittelte die Institution. Abgesehen vom menschlichen Leid bedeutet das auch, dass die wirtschaftliche Leistungsfähigkeit der Betroffenen in erheblichem Maße beeinträchtigt ist. Das kostet Unternehmen bares Geld. Schätzungen zufolge betrugen die Kosten, die der Wirtschaft in Verbindung mit arbeitsbedingtem Stress entstehen, 2002 in den damals noch 15 EU-Ländern 20 Mrd. €. 2006 schätzte das betriebswirtschaftliche Institut der Fachhochschule Köln diese Zahl alleine in Deutschland auf 80 bis 100 Mrd. € (Buchenau 2014).

60 % der Fehltage gehen inzwischen auf Stress zurück. Stress ist mittlerweile das zweithäufigste arbeitsbedingte Gesundheitsproblem. Nicht umsonst hat die Weltgesundheitsorganisation WHO Stress zur größten Gesundheitsgefahr im 21. Jahrhundert erklärt. Viele Verbände wie zum Beispiel der Deutsche Managerverband haben Stress und Burn-out auch zu zentralen Themen ihrer Verbandsarbeit erklärt.

1.1 Was sind die Ursachen?

Die häufigsten Auslöser für den Stress sind der Studie zufolge unsichere Arbeitsverhältnisse, hoher Termindruck, unflexible und lange Arbeitszeiten, Mobbing und nicht zuletzt die Unvereinbarkeit von Beruf und Familie. Neue Technologien, Materialien und Arbeitsprozesse bringen der Studie zufolge ebenfalls Risiken mit sich.

Meist Arbeitnehmer, die sich nicht angemessen wertgeschätzt fühlen und auch oft unter- beziehungsweise überfordert sind, leiden unter Dauerstress. Sie haben ein doppelt so hohes Risiko, an einem Herzinfarkt oder einer Depression zu erkranken. Anerkennung und die Perspektive, sich in einem sicheren Arbeitsverhältnis weiterentwickeln zu können, sind in diesem Umfeld viel wichtiger als nur eine angemessene Entlohnung. Diesen Wunsch vermisst man meist in öffentlichen Verwaltungen, in Behörden sowie Großkonzernen. Gewalt und Mobbing sind oft die Folge.

Gerade in Zeiten von Wirtschaftskrisen bauen Unternehmen und Verwaltungen immer mehr Personal ab. Hetze und Mehrarbeit aufgrund von Arbeitsverdichtung sind die Folge. Zieht die Wirtschaft wieder an, werden viele offene Stellen nicht mehr neu besetzt. Das Ergebnis: Viele Arbeitnehmer leisten massive Überstunden. 59 % haben Angst um ihren Job oder ihre Position im Unternehmen, wenn sie diese Mehrarbeit nicht erbringen, so die Studie.

Weiter ist bekannt, dass Druck (also Stress) Gegendruck erzeugt. Druck und Mehrarbeit über einen langen Zeitraum führen somit zu einer Produktivitäts-Senkung. Gemäß einer Schätzung des Kölner Angstforschers Wilfried Panse leisten Mitarbeiter schon lange vor einem Zusammenbruch 20 bis 40 % weniger als gesunde Mitarbeiter.

Wenn Vorgesetzte in diesen Zeiten zudem Ziele schwach oder ungenau formulieren und gleichzeitig Druck ausüben, erhöhen sich die stressbedingten Ausfallzeiten, die dann von den etwas stressresistenteren Mitarbeitern aufgefangen werden müssen. Eine Spirale, die sich immer tiefer in den Abgrund bewegt.

Im Gesundheitsbericht der Deutschen Angestellten Krankenkasse (DAK) steigt die Zahl der psychischen

Erkrankungen massiv an und jeder zehnte Fehltag geht auf das Konto stressbedingter Krankheiten. Gemäß einer Studie des DGB bezweifeln 30 % der Beschäftigten, ihr Rentenalter im Beruf zu erreichen (Buchenau 2014). Frühverrentung ist die Folge. Haben Sie sich mal für Ihr Unternehmen gefragt, wie viel Geld Sie in Ihrem Unternehmen für durch Stress verursachte Ausfallzeiten bezahlen? Oder auf den einzelnen Menschen bezogen: Wie viel Geld zahlen Sie für Ihre Krankenversicherung und welche Gegenleistung bekommen Sie von der Krankenkasse dafür?

Vielleicht sollten die Krankenkassen verstärkt in die Vermeidung Stress verursachender Aufgaben und Tätigkeiten investieren anstatt Milliarden unüberlegt in die Behandlung von gestressten oder bereits von Burn-out betroffenen Menschen zu stecken. In meiner Managerausbildung lernte ich bereits vor 20 Jahren: „Du musst das Problem an der Wurzel anpacken." Vorbeugen ist immer noch besser als reparieren.

Beispiel: Bereits 2005 erhielt die London Underground den Unum Provident Healthy Workplaces Award (frei übersetzt: den Unternehmens-Gesundheitsschutz-Präventionspreis) der britischen Regierung. Alle 13.000 Mitarbeiter der London Underground wurden ab 2003 einem Stress-Regulierungsprogramm unterzogen. Die Organisation wurde angepasst, die Vorgesetzten auf Früherkennung und Stress reduzierende Arbeitstechniken ausgebildet, und alle Mitarbeiter wurden über die Gefahren von Stress und Burn-out aufgeklärt. Das Ergebnis war verblüffend. Die Ausgaben, bedingt durch Fehlzeiten der Arbeitnehmer, reduzierten sich um 455.000 britische Pfund, was einem Return on Invest von 1:8 entspricht. Mit anderen Worten:

Für jedes eingesetzte britische Pfund fließen acht Pfund wieder zurück ins Unternehmen. Eine erhöhte Produktivität des einzelnen Mitarbeiters war die Folge. Ebenso verbesserte sich die gesamte Firmenkultur. Die Mitarbeiter erlebten einen positiven Wechsel in Gesundheit und Lifestyle (Buchenau 2014).

Wann hören Sie auf, Geld aus dem Fenster zu werfen? Unternehmer, Führungskräfte, Personalverantwortliche und Selbstständige müssen sich deshalb immer wieder die Frage stellen, wie Stress im Unternehmen verhindert oder gemindert werden kann, um Kosten zu sparen und um somit die Produktivität und Effektivität zu steigern. Doch anstatt in Stresspräventionstrainings zu investieren, stehen landläufig weiterhin die Verkaufs- und Kommunikationsfähigkeiten des Personals im Fokus. Dabei zahlt sich, wie diese Beispiele beweisen, Stressprävention schnell und nachhaltig aus: Michael Kastner, Leiter des Instituts für Arbeitspsychologie und Arbeitsmedizin in Herdecke, beziffert die Rentabilität: „Eine Investition von einem Euro in eine moderne Gesundheitsförderung zahlt sich nach drei Jahren mit mindestens 1,8 Euro aus."

1.2 Überlastet oder gar schon gestresst?

Modewort Stress … Der Satz „Ich bin im Stress" ist anscheinend zum Statussymbol geworden, denn wer so viel zu tun hat, dass er gestresst ist, scheint eine gefragte und wichtige Persönlichkeit zu sein. Stars, Manager, Politiker gehen hier mit schlechtem Beispiel voran und brüsten sich in der Öffentlichkeit damit, „gestresst zu sein". Stress scheint daher beliebt zu sein und ist immer eine willkommene Ausrede.

Es gehört zum guten Ton, keine Zeit zu haben, sonst könnte ja Ihr Gegenüber meinen, Sie täten nichts, seien faul, hätten wahrscheinlich keine Arbeit oder seien ein Versager. Überprüfen Sie mal bei sich selbst oder in Ihrem unmittelbaren Freundeskreis die Wortwahl: Die Mutter hat Stress mit ihrer Tochter, die Nachbarn haben Stress wegen der neuen Garage, der Vater hat Stress, weil er die Winterreifen wechseln muss, der Arbeitsweg ist stressig, weil so viel Verkehr ist, der Sohn kann nicht zum Sport, weil die Hausaufgaben ihn stressen, der neue Hund stresst, weil die Tochter, für die der Hund bestimmt war, Stress mit ihrer besten Freundin hat – und dadurch keine Zeit.

Ich bin gespannt, wie viele banale Erlebnisse Sie in Ihrer Familie und in Ihrem Freundeskreis entdecken.

Gewöhnen sich Körper und Geist an diese Bagatellen, besteht die Gefahr, dass wirkliche Stress- und Burn-out-Signale nicht mehr erkannt werden. Die Gefahr, in die Stress-Spirale zu geraten, steigt. Eine Studie des Schweizer Staatssekretariats für Wirtschaft aus dem Jahr 2000 untermauerte dies bereits damit, dass sich 82 % der Befragten gestresst fühlen, aber 70 % ihren Stress im Griff haben (Buchenau 2014). Entschuldigen Sie meine provokante Aussage: Dann haben Sie keinen Stress.

Überlastung … Es gibt viele Situationen von Überlastung. In der Medizin, Technik, Psyche, Sport et cetera hören und sehen wir jeden Tag Überlastungen. Es kann ein Boot sein, welches zu schwer beladen ist. Ebenso aber auch, dass jemand im Moment zu viel Arbeit, zu viele Aufgaben, zu viele Sorgen hat oder dass ein System oder ein Organ zu sehr beansprucht ist und nicht mehr richtig funktioniert. Beispiel kann das Internet, das Stromnetz oder das Telefonnetz sein, aber auch der Kreislauf oder das Herz.

Die Fachliteratur drückt es als „momentan über dem Limit" oder „kurzzeitig mehr als erlaubt" aus. Wichtig ist hier das Wörtchen „momentan". Jeder von uns Menschen ist so gebaut, dass er kurzzeitig über seine Grenzen hinausgehen kann. Jeder von Ihnen kennt das Gefühl, etwas Besonders geleistet zu haben. Sie fühlen sich wohl dabei und sind meist hinterher stolz auf das Geleistete. Sehen Sie Licht am Horizont und sind Sie sich bewusst, welche Tätigkeit Sie ausführen und zudem, wie lange Sie an einer Aufgabe zu arbeiten haben, dann spricht die Stressforschung von Überlastung und nicht von Stress. Also dann, wenn der Vorgang, die Tätigkeit oder die Aufgabe für Sie absehbar und kalkulierbar ist. Dieser Vorgang ist aber von Mensch zu Mensch unterschiedlich. Zum Beispiel fühlt sich ein Marathonläufer nach 20 km überhaupt nicht überlastet, aber der übergewichtige Mensch, der Schwierigkeiten hat, zwei Stockwerke hochzusteigen, mit Sicherheit. Für ihn ist es keine Überlastung mehr, für ihn ist es Stress.

1.3 Alles Stress oder was?

Stress … Es gibt unzählige Definitionen von Stress und leider ist eine Eindeutigkeit oder eine Norm bis heute nicht gegeben. Stress ist individuell, unberechenbar, nicht greifbar. Es gibt kein Allheilmittel dagegen, da jeder Mensch Stress anders empfindet und somit auch die Vorbeuge- und Behandlungsmaßnahmen unterschiedlich sind.

Nachfolgende fünf Definitionen bezüglich Stress sind richtungsweisend:

Stress ist ein Zustand der Alarmbereitschaft des Organismus, der sich auf eine erhöhte Leistungsbereitschaft einstellt (Hans Seyle 1936; ein ungarisch-kanadischer Zoologe, gilt als der Vater der Stressforschung).

Stress ist eine Belastung, Störung und Gefährdung des Organismus, die bei zu hoher Intensität eine Überforderung der psychischen und/oder physischen Anpassungskapazität zur Folge hat (Fredrik Fester 1976).

Stress gibt es nur, wenn Sie ‚Ja' sagen und ‚Nein' meinen (Reinhard Sprenger 2000).

Stress wird verursacht, wenn du ‚hier' bist, aber ‚dort' sein willst, wenn du in der Gegenwart bist, aber in der Zukunft sein willst (Eckhard Tolle 2002).

Stress ist heute die allgemeine Bezeichnung für körperliche und seelische Reaktionen auf äußere oder innere Reize, die wir Menschen als anregend oder belastend empfinden. Stress ist das Bestreben des Körpers, nach einem irritierenden Reiz so schnell wie möglich wieder ins Gleichgewicht zu kommen (Schweizer Institut für Stressforschung 2005).

Bei allen fünf Definitionen gilt es zu unterscheiden zwischen negativem Stress – ausgelöst durch im Geiste unmöglich zu lösende Situationen – und positivem Stress, welcher in Situationen entsteht, die subjektiv als lösbar wahrgenommen werden. Sobald Sie begreifen, dass Sie selbst über das Empfinden von freudvollem Stress

(Eu-Stress) und leidvollem Stress (Di-Stress) entscheiden, haben Sie Handlungsspielraum.

Bei **positivem Stress** wird eine schwierige Situation als positive Herausforderung gesehen, die es zu bewältigen gilt und die Sie sogar genießen können. Beim positiven Stress sind Sie hoch motiviert und konzentriert. Stress ist hier die Triebkraft zum Erfolg.

Bei **negativem Stress** befinden Sie sich in einer schwierigen Situation, die Sie noch mehr als völlig überfordert. Sie fühlen sich der Situation ausgeliefert, sind hilflos, und es werden keine Handlungsmöglichkeiten oder Wege aus der Situation gesehen. Langfristig macht dieser negative Stress krank und endet oft im Burn-out.

1.4   Burn-out – Die letzte Stresstufe

Burn-out … Als letzte Stufe des Stresses tritt das sogenannte Burn-out auf. Nun hilft keine Medizin und Prävention mehr; jetzt muss eine langfristige Auszeit unter professioneller Begleitung her. Ohne fremde Hilfe können Sie der Burn-out-Spirale nicht entkommen. Die Wiedereingliederung eines Burn-out-Klienten zurück in die Arbeitswelt ist sehr aufwendig. Meist gelingt das erst nach einem Jahr Auszeit, oft auch gar nicht.

Nach einer Studie der Freiburger Unternehmensgruppe Saaman aus dem Jahr 2007 haben 45 % von 10.000 befragten Managern Burn-out- Symptome. Die gebräuchlichste Definition von Burn-out stammt von Maslach & Jackson aus dem Jahr 1986: „Burn-out ist ein Syndrom der emotionalen Erschöpfung, der Depersonalisation und der reduzierten persönlichen

Leistung, das bei Individuen auftreten kann, die auf irgendeine Art mit Leuten arbeiten oder von Leuten beeinflusst werden" (Buchenau 2014).

Burn-out entsteht nicht in Tagen oder Wochen. Burn-out entwickelt sich über Monate bis hin zu mehreren Jahren, stufenweise und fortlaufend mit physischen, emotionalen und mentalen Erschöpfungen. Dabei kann es immer wieder zu zwischenzeitlicher Besserung und Erholung kommen. Der fließende Übergang von der normalen Erschöpfung über den Stress zu den ersten Stadien des Burn-outs wird oft nicht erkannt, sondern als „normale" Entwicklung akzeptiert. Reagiert der Betroffene in diesem Zustand nicht auf die Signale, die sein Körper ihm permanent mitteilt und ändert der Klient seine inneren oder äußeren Einfluss- und Stressfaktoren nicht, besteht die Gefahr einer sehr ernsten Erkrankung. Diese Signale können dauerhafte Niedergeschlagenheit, Ermüdung, Lustlosigkeit, aber auch Verspannungen und Kopfschmerzen sein. Es kommt zu einer kreisförmigen, gegenseitigen Verstärkung der einzelnen Komponenten. Unterschiedliche Forschergruppen haben auf der Grundlage von Beobachtungen den Verlauf in typische Stufen unterteilt.

Wollen Sie sich das alles antun?

Leider ist Burn-out in den meisten Firmen ein Tabuthema – die Dunkelziffer ist groß. Betroffene Arbeitnehmer und Führungskräfte schieben oft andere Begründungen für ihren Ausfall vor – aus Angst vor negativen Folgen, wie zum Beispiel dem Verlust des Arbeitsplatzes. Es muss ein Umdenken stattfinden!

Wen kann es treffen? Theoretisch sind alle Menschen gefährdet, die nicht auf die Signale des Körpers achten.

Vorwiegend trifft es einsatzbereite und engagierte Mitarbeiter, Führungskräfte und Selbstständige. Oft werden diese auch von Vorgesetzten geschätzt, von Kollegen bewundert, vielleicht auch beneidet. Solche Menschen sagen auch nie „nein"; deshalb wachsen die Aufgaben, und es stapeln sich die Arbeiten. Dazu kommt oft, dass sich Partner, Freunde und Kinder über zu wenig Zeit und Aufmerksamkeit beklagen. Wie Sie „Nein" sagen erlernen, erfahren Sie später.

Aus eigener Erfahrung kann ich sagen, dass der Weg zum Burn-out anfänglich mit kleinsten Hinweisen gepflastert ist, kaum merkbar, unauffällig, vernachlässigbar. Es bedarf einer hohen Achtsamkeit, um diese Signale des Körpers und der realisierenden Umwelt zu erkennen. Kleinigkeiten werden vergessen und vereinbarte Termine werden immer weniger eingehalten. Hobbys und Sport werden – wie bei mir geschehen – erheblich vernachlässigt. Auch mein Körper meldete sich Ende der neunziger Jahre mit leisen Botschaften: Schweißausbrüche, Herzrhythmusstörungen, schwerfällige Atmung und unruhiger Schlaf waren die Symptome, die anfänglich nicht von mir beachtet wurden.

Abschlusswort
Eigentlich ist Burn-out- oder Stressprävention für Projektmanager ganz einfach. Tipps gibt es überall und Zeit dazu auch. Sie, ja Sie, Sie müssen es einfach nur tun. Viel Spaß und Unterhaltung beim nun folgenden Beitrag von Dr. Markus Blaschka.

Literatur

Buchenau P (2014) Der Anti-Stress-Trainer. Springer, Wiesbaden

2

Beispiele aus dem Projektmanagement-Alltag

Projekt Hausmesse: Jeder kocht sein eigenes Süppchen
Klaus ist seit einigen Monaten Marketingleiter einer Reha-Klinik und hat nun vom Klinikvorstand ein erstes Projekt übertragen bekommen: Er soll eine Hausmesse auf die Beine stellen, um die Klinik, ihre Abteilungen und einige Dienstleistungspartner einer breiteren Öffentlichkeit vorzustellen. Der Vorstand will vor allem mehr Privatpatienten anlocken. Und, wo man schon dabei ist, soll auch gleich der neue Ärztliche Direktor der Orthopädie vorgestellt werden. Klaus durfte sich ein kleines, feines Team zusammenstellen – der Vorstand besteht außerdem darauf, die langjährige Pflegedienstleiterin und die Ärztlichen Direktoren mit einzubinden. Vom Marketing unterstützen ihn zwei Kolleginnen, die schon vor seiner Zeit hier beschäftigt waren. Aus jeder der vier Klinik-Abteilungen ist die jeweilige Leitung im Projektteam. Sie haben drei

© Springer Fachmedien Wiesbaden GmbH 2017
M. Blaschka, *Der Anti-Stress-Trainer für Projektmanager,*
DOI 10.1007/978-3-658-15860-6_2

Monate Zeit zur Vorbereitung der Hausmesse, knappe vier Wochen sind schon rum. Während der Projektleiter selbst Arbeitspakete für jedes Teammitglied geschnürt, einen Zeitplan ausgearbeitet und sich vom Vorstand ein – zugegeben mageres – Budget in mittlerer vierstelliger Höhe gesichert hat, geht es beim restlichen Team eher schleppend dahin. Marketing-Kollegin Andrea soll die Pressearbeit übernehmen, hat aber bislang nur Entwürfe gespeichert und ist ansonsten „schwer beschäftigt" mit der Überarbeitung einer Broschüre, die momentan warten könnte. Die andere Kollegin, Martha, soll Drucksachen wie Flyer und Roll-ups vorbereiten. Doch beim ersten Jour fixe präsentiert sie Angebote von Druckereien, die zu viel vom Budget fressen würden. Die anderen Teammitglieder scheinen irgendwas falsch verstanden zu haben: Pflegedienstleiterin Renate schleppt stapelweise Recherche-Ausdrucke ins Meeting, die Klaus nie im Leben durcharbeiten kann. Psychosomatik-Chef Dieter hat sich beim letzten Meeting übergangen gefühlt und bleibt dem Jour fixe demonstrativ fern. Die Leiterinnen von Geriatrie und Ambulanter Reha konnten sich – wie Klaus jetzt erfährt – noch nie leiden und sabotieren im Gespräch jeweils die Ideen der anderen. Klaus kriegt zum ersten Mal Panik. Das ist ja wie im Kindergarten! Fast täglich muss er sich nun damit auseinander setzen, wer was warum noch nicht gemacht hat und auf Befindlichkeiten Rücksicht nehmen, die das Projekt bremsen. Nächste Woche wollte er eigentlich dem Vorstand einen ersten Zwischenstand präsentieren. Aber daraus wird wohl nichts …

Projekt Grünes Image: Es qualmt an allen Ecken!

Susanne, Produktmanagerin bei einem Bohrmaschinenhersteller, wurde zur internen Umweltbeauftragten des Unternehmens ernannt. Die Firma möchte sich ein umweltfreundliches Image verschaffen. Die Geschäftsleitung beschließt, dass der Betrieb in genau 18 Monaten, pünktlich zum 100. Firmenjubiläum, das offizielle Label „Grüner Betrieb" tragen soll. Susannes Auftrag als Projektleiterin ist, in allen Abteilungen, einschließlich der oberen Etage, den nachhaltigeren Umgang mit Ressourcen und Energie durchzusetzen und die Ergebnisse für die Label-Prüfungskommission aufzubereiten. Sie hat schon einige Projekte recht gut gestemmt und ist, ausgerüstet mit einem zunächst motivierten Team und konkreten Plänen, ans Werk gegangen. Das ist acht Monate her.

Bei den regelmäßigen Jours fixes stellt sich leider heraus, dass die Mitarbeiter das Projekt offenbar nicht so ernst nehmen („Ein bisschen Papier sparen hier und da – wozu so einen Wirbel machen?") und Probleme haben, die geplanten Maßnahmen in der Linie durchzusetzen. So läuft die neue Software zur digitalen Dokumentenverwaltung noch nicht an allen Arbeitsplätzen rund und wird aus Zeitgründen und wohl auch aus Bequemlichkeit nicht flächendeckend genutzt – noch immer wird zu viel ausgedruckt und in Ordnern gelagert. Dabei war eines der Teilziele, pro Mitarbeiter nur noch zwei Ordner im Umlauf zu haben. Einmal abgesehen davon, dass die Firma keine eigene IT-Abteilung hat und die Kollegen bei Fragen nur eine externe Hotline anrufen können. Eigentlich gibt es auch ein Budget, um für die Außendienstleiter drei Elektroautos anzuschaffen. Doch weil die fürs

Aufladen nötigen Stromanschlüsse auf dem Firmenparkplatz noch nicht installiert wurden, hat man die Fahrzeuge erst gar nicht vom Händler abgerufen. Außerdem haben zwei der Hauptsponsoren für diesen kostenintensiven Teil des Projekts nicht gezahlt! Dabei war Susanne davon ausgegangen, schon während der Projektlaufzeit wichtige Meilensteine, wie die Umstellung auf digitales Dokumentenmanagement und die Einführung der E-Mobile, medienwirksam an die Presse vermitteln zu können. Die Marketingabteilung fragt schon dauernd nach, ob es was Neues gibt – bisher konnte man nicht mal das kleinste Anzeigenblatt informieren. Dabei stellt sich die Geschäftsleitung ein riesiges Medienspektakel zur Label-Einführung vor... will aber keinesfalls das Budget erhöhen und auf Sponsorengelder verzichten!

Projekt gesunder Betrieb: Entscheider, die nicht wollen oder können

Die Megadruck GmbH & Co. KG ist ein echtes Familienunternehmen: Vom Großvater in der Nachkriegszeit als kleine Zeitungs-Druckerei gegründet, ist sie unter Sohn und Enkel zu einem Druckereibetrieb mit 40 Mitarbeitern gewachsen und um den Bereich Werbetechnik erweitert worden. Was der Betrieb in den letzten 15 Jahren allerdings versäumt hat, ist, die Produktions- und Arbeitsbedingungen dem Zeitgeist anzupassen. Viele Mitarbeiter aus der Produktion haben Rückenprobleme wegen der körperlich schweren Arbeit mit Kunststoffplanen und den riesigen Folienrollen. Das Bekleben von Großflächen oder die Beschriftung von Planen sind immer noch reine Handarbeit. Viele Handgriffe und die

Transportvorbereitung der Druckwaren bei der Zeitungs-
produktion müssen mangels maschineller Unterstützung
vom Personal ausgeführt werden. Die Büromöblierung ist
alles andere als ergonomisch und stammt aus den 1980er
Jahren, als der Opa noch im Betrieb war. Nur wenige Mitarbeiter sind mit augenfreundlichen Flachbildmonitoren
versorgt. Die Firma hat viele Krankheitsfälle zu verbu-
chen, häufig fallen Kollegen aus der Offsetdruck-Nacht-
schicht aus. Vorwiegend wegen Rückenproblemen. Lars
ist einer der lang gedienten Mitarbeiter und leitet die Gra-
fik. Er hat seinen Chef, den schon 68-jährigen Sohn des
Gründers, auf die vielen Fehlzeiten aufmerksam gemacht
und auf diverse Gesundheitsmaßnahmen gedrängt. Nach
zähem Ringen („Was soll das denn kosten? Wir haben
doch erst in einen neuen Digitaldrucker investiert!") hat
der Seniorchef eingewilligt, etwas zu unternehmen. Lars
solle das machen, schließlich kenne man sich lange, aber
bitte unter der Aufsicht vom Juniorchef, dem Sohnemann.
Der hat zunächst einen externen Berater für Betriebliches
Gesundheitsmanagement engagiert, der einige gute und
bezahlbare Vorschläge hinterlassen hat, vom Seniorchef
aus Kostengründen aber nach vier Wochen wieder abser-
viert wurde („das können wir auch selbst"). Lars hat dem
Junior Angebote von Herstellern ergonomischer Büro-
möbel vorgelegt, diese will aber der Senior persönlich
durchgehen. Mit der Produktion wurde über die Installation eines Förderbandes gesprochen, um das händische
Bepacken der Paletten überflüssig zu machen – der Senior
will sich das „mal überlegen". Der BGM-Maßnahmenka-
talog des Beraters, den Lars nun notgedrungen ersetzen
muss, schlägt außerdem vor, einen vorhandenen Raum

mit Ergometern auszustatten oder sich an Fitnessklub-Mitgliedschaften der Mitarbeiter zu beteiligen: Für den Golf spielenden Senior ist das „neumodischer Kram, den ja doch keiner nutzen wird". Junior, der die Entscheidungen eigentlich absegnen soll, aber am Papa nicht vorbeikommt, zuckt nur noch mit den Schultern. Sein Büro ist ja auch nagelneu eingerichtet und sein Smartphone ersetzt praktisch den ollen PC. So bleibt für die Mitarbeiter erst mal vieles beim Alten. Immerhin war der Seniorchef einverstanden, zweimal wöchentlich frisches Obst zu spendieren. Und ein Dutzend neuer Schreibtischstühle wurden bestellt. Lars will jedoch bei der Stange bleiben, schon seiner Kollegen wegen. Mit fünf von ihnen an seiner Seite will er binnen eines Jahres wenigstens den Krankenstand um die Hälfte reduzieren, indem vor allem weitere technische Vereinfachungen eingeführt werden.

3

Herzlichen Glückwunsch zu Ihrem Projekt...

Hallo, Projektmanager! Stellen Sie sich vor, es ist 10 Uhr morgens in Ihrem Unternehmen. Wissen Sie, was Ihr Projekt gerade macht? Oder Ihr Projektteam? Könnte auch sein, dass jemand aus dem Vorstand, den Sie nur zwei Mal im Jahr zu Gesicht bekommen (einmal zur Neujahrsfeier, einmal zum Betriebssommerfest), gerade an seinem Schreibtisch sitzt und Ihr Projektbudget um 20 % kürzt. Oder Ihren wichtigsten IT-Experten abzieht. Und erst zwei Wochen später dran denkt, Ihnen das mitzuteilen. Dass ein Projekt viele Unwägbarkeiten birgt und Sie einige Nerven kostet, ist für Sie nichts Neues. Damit Sie der Stress aber nicht auffrisst und Sie weiterhin Freude an Ihrer unglaublich vielschichtigen Position als Projektleiter haben, möchte ich Ihnen zehn Tipps mitgeben, die sich in meiner langjährigen Praxis als Projektmanager als die „Top 10" herauskristallisiert haben.

© Springer Fachmedien Wiesbaden GmbH 2017
M. Blaschka, *Der Anti-Stress-Trainer für Projektmanager*,
DOI 10.1007/978-3-658-15860-6_3

3.1   Ziele: Rechtzeitig geklärt ist halb gewonnen

„Ziele? Machen Sie einfach mal drauf los – Hauptsache, am Ende kommt heraus, was wir uns vorstellen!" Hören Sie nicht auf ungeduldige Geschäftsführer oder andere Auftraggeber, die Ihnen mal eben im Vorbeigehen ein neues Projekt andrehen. Es sei denn, Sie brauchen den Nervenkitzel: Dann halten Sie Ihr Projektziel von Anfang an möglichst schwammig. Ändern Sie anvisierte Ziele während des Projekts häufig. Lassen Sie Ihr Team ruhig an der langen Leine und meiden die Entscheider-Etage so lange wie irgend möglich. Allerdings müssen Sie gar nicht selbst für Probleme sorgen, das tut in der Regel schon Ihr Auftraggeber oder Ihr Chef: „Unser Mitbewerber hat jetzt schon das Grüne Label, der kriegt heuer noch einen Preis dafür vom Bundesumweltministerium! Das müssen wir doch auch hinkriegen! Lassen Sie sich was einfallen." Klar definiertes Projektziel – Und zwar, sobald eine Projektidee feststeht. Das ist die schöne Theorie, ich weiß: Für viele Projektleiter kommt jetzt der offizielle, anstrengende Teil, in welchem sie ihren Auftraggeber festklopfen müssen: Was genau soll bis wann erreicht sein? Welche Prioritäten setzen wir? Halten Sie die Zielklärung zunächst so einfach wie möglich, aber so verbindlich und klar wie nötig. Feilen Sie ruhig ein paar Tage an der endgültigen, konkreten Zielformulierung. Sie ist schließlich Ihr Leitstern für die gesamte Projektlaufzeit! Bekommen Sie von der Chefetage nur qualitative Vorgaben („Wir wollen jetzt auch das Grüne Label"), sammeln Sie möglichst viele quantitative Fakten, um Ihre genaue Zielklärung zu erreichen – und um bei späteren Meinungsverschiedenheiten um Ergebnisse, bei geänderten Umständen oder gar einer Zielverfehlung dennoch klare Aussagen liefern zu können: „Wir konnten unseren CO_2-Fußabdruck um 35 Prozent verkleinern und verbrauchen 22 Prozent weniger Strom als im Vorjahr." Zunächst aber haben Sie sich mit Ihrer Zieldefinition auf die sichere Seite gerettet, wobei der Weg dorthin im Moment noch keine Rolle spielt.

Ist das Ziel realistisch?

„Wir machen eine 1-A-Hausmesse und danach haben wir auch eine 60-prozentige Auslastung mit Privatpatienten wie unser Wettbewerber." – „Wir werden die grünste Firma in der Region. Das bringt uns endlich auch die umweltbewussten Kunden der Altersgruppe 25 Plus!" Es gibt Ziele, die sind für das jeweilige Team, die vorhandenen Ressourcen, das erteilte Budget oder die Zeitvorgabe zu hoch gesteckt. Oder man hat überhaupt keinen Einfluss auf das erhoffte Ergebnis – etwa, was die Reaktion einer bestimmten Zielgruppe betrifft. Man kann im Nachhinein an vielen Faktoren schrauben, was Ihnen früher oder später aber den Schlaf rauben wird. Und Ihrem Team die Motivation. Es muss von Anfang an klar sein: Ist das überhaupt machbar? Wenn die Fakten dafür sprechen: Steht das Team fest dahinter? Sie werden die Bestätigung dafür finden, sobald Sie gemeinsam (!) Ihr finales Ziel in die Etappenziele einteilen, den großen Brocken in kleine

Häppchen zerlegen. Etappenziel 1 könnte lauten: „Innerhalb der ersten zehn Projektwochen reduzieren wir die Quote der Ausdrucke in Papierform um 50 Prozent."

Schriftlich und mit dem „Segen von oben"

„Ziel geklärt? Na, dann passt ja alles." Denken leichtgläubige Projektleiter! Das sind diejenigen, die später an Aussagen à la „Daran kann ich mich nicht erinnern, Herr Müller, bei meinem Tagespensum geht so was schon mal unter!" verzweifeln. Halten Sie alle Zielvereinbarungen schriftlich in einem Protokoll – oder noch besser im Projektauftrag – fest. Händigen Sie die schriftlich fixierten Ziele Ihrem Auftraggeber aus. Fordern Sie seine Freigabe, sein OK oder zumindest eine Lesebestätigung an! Mit der freundlichen Bitte, dies innerhalb der nächsten zwei Tage zu tun... Sie wollen ja keine Zeit verlieren.

Den Schwamm selbst auswringen

Es gibt Chefs, die wollen lieber unklar bleiben, weil sie sich sonst bevormundet fühlen oder sich einfach nicht festlegen wollen (könnte ja sein, dass es noch ein anderes Umweltlabel gibt, das den Betrieb günstiger kommt! Oder der Mitbewerber geht nach China – wen interessiert da noch die Umwelt?). Bewegen soll sich der Projektmanager aber bitte trotzdem! Den Hampelmann müssen Sie deswegen noch lange nicht machen – toben Sie sich körperlich lieber im Fitnesscenter aus. Bleiben Sie also bei Ihrer Zielformulierung und schwören Sie Ihr Team darauf ein. Wenn Ihr Auftraggeber Sie auch vermeintlich auflaufen lässt, seien Sie der Navigator für Ihr Team.

Kurz gecheckt: Projektziel(e)

- Ist das finale Ziel realistisch?
- Kann es mit den vorhandenen Ressourcen erreicht werden?
- Sind auch Teilziele realistisch und erreichbar?
- Stimmt die Ziel-Definition?
- Lässt sich der Erfolg von Etappenzielen sowie von finalen Zielen messen? Wie?
- Ist es von Entscheiderseite her ganz klar abgesegnet oder gibt es Unklarheiten?
- Sind Termine für Teilziele und Finalziel festgelegt?
- Gibt es Widersprüche, Unstimmigkeiten, noch zu klärende offene Punkte?

3.2   Rollenverteilung im Projekt: kein Theater, bitte!

Die Prinzessin entführt beim Kasperltheater *immer* das Krokodil, befreien darf sie *immer* der Herr Dimpflmoser und die Leberwurst kriegt zur Belohnung *nur* der Kasperl. So und nicht anders sind seit Generationen die Rollen verteilt! Abweichungen von diesem Schema akzeptiert das anspruchsvolle Publikum nur ungern. Verzeihen Sie mir diesen saloppen Vergleich, aber in der Projektarbeit gibt's auch nur Applaus, wenn Rollen verbindlich festgelegt sind und keiner daran rüttelt. Die Rollen der einzelnen Projektmitglieder, einschließlich der des Projektleiters, müssen so bald wie möglich klar definiert sein, damit jeder seine Verantwortlichkeiten kennt und Orientierung hat. Zum

Beispiel, wer der Verantwortliche für ein Arbeitspaket und wer Teammitglied ist, wer im übergeordneten Lenkungskreis sitzt. Jedes Mitglied bringt Kompetenzen mit. Der Führungsstil des Projektleiters passt sich dieser Tatsache an – nicht umgekehrt! Mein Tipp: Befassen Sie sich mit dem Thema „Situatives Führen" (Blanchard 2015). Das wird Ihnen zusätzliche Impulse liefern und Ihre Nerven schonen, denn nichts ist anstrengender, als Projektteilnehmer, die aus der Rolle fallen.

Rollenkonflikte und andere Dramen

Es ist ja oft schon schwierig, in der eigenen Abteilung klar zu kommen – jetzt ist der IT-Fachmann, die Marketingmitarbeiterin oder Einkaufsleiter auch noch Teil eines Projektteams und soll sich hier einbringen. Manchmal werden Projektmitglieder auch von ihrem Linienvorgesetzten um einen „Gefallen" gebeten: Wenn du schon bei Projekt X mitmachst, dann schau doch bitte, was für unsere Abteilung dabei herausspringen könnte. Vielleicht war das Teammitglied, das sich eigentlich um die Dokumentenmanagement-Software kümmern soll, vorher in der Öffentlichkeitsarbeit tätig und bringt ständig gut gemeinte Tipps ein. Oder der Projektleiter (fühlen Sie sich gerade angesprochen?) erledigt vieles „gleich am besten selbst". Klare Sache: Hier wissen die Leute nicht, wo Ihr Platz im Projekt ist und wofür sie eigentlich ausgewählt wurden. Das kostet Projektmanager unnötig Zeit und frisst unglaublich viel Energie, die Sie an anderer Stelle dringender brauchen (zum Beispiel bei Ihrer Familie – auch Projektleiter haben ein Privatleben!).

Beobachten und kommunizieren

Vorausgesetzt, Sie als Projektleiter sind sich Ihrer Führungsrolle bewusst und schonen Ihre Ressourcen, indem Sie *nicht* Feuerwehr in allen Ecken spielen: Rollenkonflikte lösen Sie zunächst durch urteilsfreie Beobachtung Ihres Teams. Dann reden Sie mit den Leuten, stellen Sie Fragen, hören Sie zu! Kann Ihr Team Ihnen dabei vertrauen? Andernfalls werden Sie nie herausfinden, warum Kollegin Anja immer zwei Stunden länger mit der neuen Software beschäftigt ist (nämlich weil ihr Abteilungsleiter Sie „gebeten" hat, die für ihn relevanten Funktionen zu testen) oder Ihr IT-Fachmann partout nicht mit dem externen Datenschutzbeauftragten zusammenarbeiten will („Das Datenschutz-Seminar hat mir der Chef erst letztes Jahr aus Kostengründen verweigert. Aber einen von außen bezahlt die Firma, geht's noch?!").

Es ist eine Illusion, dass selbst von vornherein festgelegte Rollen unantastbar sind und ab da vom Team nie (bewusst oder unbewusst) unterlaufen werden. Sie müssen immer wieder darauf eingehen, wer welche Kompetenzen wofür einbringt. Am Jour fixe zum Beispiel, besser aber noch in der täglichen Interaktion mit Ihrem Team. Dadurch geben Sie Ihren Leuten das gute Gefühl, dass Sie wissen, auf welche Fähigkeiten Sie sich verlassen. Konflikte wie die des „doppelten Spiels", bei dem ein Teammitglied unfreiwillig auch noch einen Auftrag vom Linienchef huckepack hat, müssen zwar erst einmal ans Tageslicht kommen. Doch dafür gibt es kommunikative Lösungen: der Anstoß zu einem eigenen Projekt etwa. Neu im Projekt erworbene Kompetenzen, wie der Umgang mit dem Thema Datenschutz, sind vielleicht der Anreiz für die Linie, im

Nachhinein Fortbildungen zu genehmigen („Jetzt lohnt es sich, den Fachmann im Haus zu haben."). Dass das alles zur Sprache kommt, ist Ihre Aufgabe! Nicht umsonst sind sich Experten einig, dass gute Projektleiter vor allem hervorragende Kommunikatoren und Netzwerker sein sollten.

Verantwortlichkeiten? Nutzen Sie RASCI

Hört sich an wie eine Marke für Tiefkühlkost, ist aber der Türöffner für eine einfache Art, personelle Unstimmigkeiten zu klären: Die RASCI-Matrix ist eine Methode zur Analyse und Darstellung von Verantwortlichkeiten. RASCI steht für die Begriffe Responsible, Accountable, Supportive, Consulted, Informed. RASCI habe ich übrigens nicht selbst erfunden – es ist eine Projektmanagement-Methode, die jedem zugänglich ist und über die Sie sich weiter informieren können, etwa im Internet oder in Fachliteratur.

- Responsible: Teammitglied hat Durchführungsverantwortung, ist zuständig für die Durchführung einer Aufgabe.
- Accountable: Person ist verantwortlich für Kosten oder Freigabe, darf ein Arbeitspaket bzw. eine Aufgabe genehmigen oder unterschreiben.
- Supportive: Person fungiert als Unterstützer, stellt etwa Informationen, Recherchen oder zusätzliches Fachwissen zur Verfügung. Oder sie arbeitet einfach an einer Aufgabe mit.
- Consulted: Person mit Fachverantwortung. Sie steht dem Team beratend zur Seite, wird bei Fragen und Problemen konsultiert.
- Informed: Person mit Informationsrecht, ist über Verlauf oder Ergebnisse im Projekt zu informieren.

RASCI lässt sich auch grafisch als Matrix darstellen:

Aufgaben / Aktivitäten	Projektleiterin Susanne	Teammitglied Renate	Teammitglied Peter	Geschäftsführung	Einkauf
Monatliches Druckvolumen klären	I	R	S		
Mit Einkauf mögliche neue Druckerei suchen	I	S	R		C
Neue Verträge aushandeln	I		S	A	R

Von RASCI gibt es einige Abwandlungen, zum Beispiel RACIO: Das „O" steht hier für Omitted (ausgelassen) und bezeichnet Personen, die ausdrücklich nicht an einer Projekt-Aktivität beteiligt sind. Das kann hilfreich sein, etwa bei Linienkonflikten, bei sich überschneidenden Fachkompetenzen, bei Interessenskonflikten oder nicht vorhandenen Kompetenzen. Solche Unklarheiten stellen Projektleiter nämlich vor strukturelle und organisatorische Probleme, die ihnen Zeit rauben. RASCI kann den Blick rasch klären.

Checkliste Projektrollen

- Welche Charaktere und Talente sammeln sich im Team? (Schimmel-Schloo 2002)
- Wer ist für was zuständig?
- Wo überschneiden sich Kompetenzen? Wer könnte zur Not wo einspringen?
- Gibt es Konflikte mit dem eigenen Einsatz in der Linie?
- Wann ist Zeit für Einzelgespräche?
- Wo und wann ist Bedarf an Motivation oder persönlichem Gespräch?

Klären Sie auch die Erwartungen an die eigene sowie an fremde Rollen, am besten im Einzelgespräch.

Scrum: Projekte einmal anders!
Entspannter zum Ziel, und das mal kreativer als sonst: Von Scrum haben Sie gewiss schon mal gehört. Der Begriff kommt aus dem Rugby-Sport und bezeichnet einen Pulk aus Spielern, die sich um den Ball drängen. Dieses Bild verdeutlicht, worum es auch im Projektmanagement geht: Um Flexibilität, Dynamik und das Zusammenkommen von Teams zur Aufgabenabstimmung. Ursprünglich kommt die Methode aus der Softwareentwicklung.

Scrum-Teams arbeiten ohne Hierarchie. Es gibt auch keinen Projektleiter. Rechte und Pflichten sind für jeden gleich. Scrum setzt zudem auf Freiwilligkeit, das heißt, niemand sollte gegen seinen Willen zur Mitarbeit an einem Projekt verpflichtet werden. Mehr noch: Bei Scrum dürfen sich Mitarbeiter ihr Projekt selbst aussuchen (was in der Unternehmenspraxis nicht immer funktioniert). Das geht im Grunde nur, wenn vonseiten des Managements oder der Chefetage großes Vertrauen in die Mitarbeiter herrscht und umgekehrt diese verantwortungsvoll handeln.

Die Scrum-Methode ist laut ihren Entwicklern Ken Schwaber und Jeff Sutherland als Rahmenwerk zu verstehen, „innerhalb dessen Menschen komplexe adaptive Aufgabestellungen angehen können, und durch das sie in die Lage versetzt werden, produktiv und kreativ Produkte mit dem höchstmöglichen Wert auszuliefern" (Zitat aus dem Scrum-Guide auf www.scrum.de, 2015). Als

Projektmanager ist meine Erfahrung: Scrum eignet sich sehr gut für Projektarbeit und dafür, Teams selbstverantwortlich einzubinden. Das wäre dann eine Methode aus dem Agilen Projektmanagement.

Projektrollen bei Scrum

Das Scrum-Team besteht aus dem Product Owner, dem Entwicklungsteam und dem sogenannten Scrum Master. Letzterer soll die Werte und Regeln des Projektverlaufs wahren und Hürden beseitigen. Er verbindet das Team mit der Außenwelt und kommuniziert außerdem nach außen, damit das Team sich ganz auf seine Kernaufgaben konzentrieren kann. Der „Master" ist hierarchisch nicht höher gestellt. Der Product Owner (eine einzelne Person, die durchgängig diese Rolle innehat) ist unter anderem für die Arbeit des Entwicklungsteams verantwortlich. Er ist als einziger zuständig für das Management des sogenannten Product Backlogs. Dabei handelt es sich, vereinfacht ausgedrückt, um eine vom Product Owner geordnete Liste von Produktanforderungen, der auch Stakeholder weitere Anforderungen hinzufügen können.

Eigenverantwortlich und selbstorganisiert

Scrum und Agiles Projektmanagement können beispielsweise dann zum Einsatz kommen, wenn die klassischen PM-Ansätze bei Projekten wiederkehrend nicht zum Erfolg führten. Agiles Projektmanagement ist ein Methoden-Mix mit Schwerpunkt auf Flexibilität und Anpassung. Geplant wird das Projekt adaptiv, also je nach Situation und nicht gleich vorneweg. Das erfordert die rasche Abstimmung im Projektteam, was nur geht, wenn ihm ein großes Maß an Eigenverantwortung und Selbstorganisation zugestanden wird. Idealerweise ist das Team heterogen in dem Sinne, dass verschiedenste Kompetenzen aus unterschiedlichen Abteilungen zusammenkommen. Scrum arbeitet mit wenigen und einfach zu verstehenden Regeln, um gemeinsam Ziele zu erreichen. Insgesamt ist man näher an den Stakeholdern dran; gerät weniger in Gefahr, an ihnen vorbei zu produzieren.

> **Beispiel**
>
> Beispiel für einen Scrum-Prozess mit einem selbstorganisierten Team:
>
> - Die Anforderungen und Aufgaben für ein Projekt werden mit dem Product Owner geklärt.
> - Das Projektteam stemmt alle Aufgaben eigenverantwortlich.
> - Das Team arbeitet in einer Folge von „Sprints" mit zwei bis vier Wochen Dauer als abgeschlossene Arbeitsphase. Das Ergebnis eines Sprints ist jeweils auslieferbar.
> - Nach Abschluss eines Sprints folgen die Ergebnisprüfung und die Abstimmung mit den Stakeholdern.
> - Tägliche, kurze, informelle Meetings („daily scrums") halten den Projektfortschritt fest.
> - Das Team reflektiert gemeinsam die vergangene Arbeitsphase, inklusive konstruktiver Kritik.

3.3   Der Projektplan mit Zeitpuffer: Einfach unverzichtbar

Im Projekt ist es wie mit (fast) allen Aufgaben im Leben: Anfangs scheint Zeit noch massenhaft vorhanden, am Ende muss es dann ganz schnell gehen und so vieles ist noch zu erledigen… Ein Projektplan gibt Struktur und einzelne Phasen des Projekts vor und ist für jedes noch so kleine Projekt Pflicht. Gestaltet wird er am besten, nachdem die einzelnen Phasen, die zu erreichenden Meilensteine und die Einschätzung von Kosten und Ressourcen fest stehen und das Kick-off stattgefunden hat. Wichtigstes Element im Projektplan: der (interne und/oder offizielle) Zeitpuffer.

Es läuft zeitlich doch nicht so glatt…

Ein Wasserrohrbruch sorgt dafür, dass das Marketing erst einmal einen provisorischen Arbeitsplatz im Untergeschoss einrichten muss. Die Mail mit der Pressemitteilung an die Fachmedien (die wegen der meist zweimonatigen Erscheinungsweise mit einigen Wochen Vorlauf in den Redaktionen landen muss) geht deshalb mit dreitägiger Verspätung raus. Zwei von sechs wichtigen Fachorganen können die Meldung daher nicht mehr berücksichtigen. Der neue Ärztliche Direktor der Orthopädie hat noch nie einen Vortrag vor einem Laienpublikum gehalten und schiebt diese Aufgabe vor sich her. Die Cateringfirma hat vergessen, glutenfreie Häppchen auf ihr Angebot zu setzen und muss jetzt erst ein neues schreiben.

Zeitfresser lauern überall, nicht nur innerhalb des Projektteams – hier wären sie noch am besten zu managen, weil der direkte Kontakt täglich gegeben ist. Worauf Sie achten sollten:

> • Holen Sie sich von jedem Teammitglied eine möglichst konkrete Zeiteinschätzung für seinen Aufgabenbereich. Klopfen Sie diese immer wieder ab.

- Verliert sich einer aus der Mannschaft in „Aufschiebe-ritis"? Klären Sie das im Vieraugengespräch zunächst verständnisvoll und im „Wie kann ich helfen"-Stil: „Was brauchen Sie, um Ihren Vortrag in den nächsten Tagen fertig niederschreiben zu können?"
- Planen Sie von vornherein für jeden Projektbaustein einige Tage mehr Zeit ein.
- Rechnen Sie auch mit einem Zeitpuffer gegen Ende der Projektphase. Versprechen Sie also z. B. nicht, die Ergeb-nispräsentation an einem bestimmten Tag zu halten (nur weil dann z. B. der Gesundheitsreferent aus dem Ministerium beim Vorstand zu Gast ist).
- Je kleiner das Team und je geringer die Chance ist auf einen adäquaten Ersatz bei einem krankheitsbedingten Ausfall: Bedenken Sie die für Ihr Haus typischen Zeitfallen wie Überstunden, energiezehrende Nachtschichten, Ein-springen für Kollegen (gerade im Gesundheitssektor), ...

Zeitpuffer zu haben, lässt Sie ruhiger und gelassener sein. Ihr Team fühlt sich nicht gehetzt, sondern verstanden. Das soll nicht heißen, dass eingeplante Zeitpuffer bis auf die letzte Minute ausgereizt werden dürfen, wenn es nicht nötig ist! So entsteht womöglich wieder die gefürchtete Prokrastination. Es bleibt also offiziell bei klaren Zeitvor-gaben fürs Team – der Projektleiter ist damit der Hüter des geheimen Zeitkontos.

3.4   Risiken sind riskant – aber kalkulierbar!

Ein Plan zeigt immer nur theoretisch auf, wie es idealer-weise zu laufen hat. Im Plan „Hausmesse" der Klinik wird daher nicht berücksichtigt, was aus dem Chefarztvortrag

wird, wenn dieser einen Tag vorher einen Bandscheiben-
vorfall erleidet. Wer springt im Notfall ein? Das Freiluft-
Catering fällt ins Wasser, wenn es regnet – bietet die
Klinik einen alternativen Raum, der groß genug ist für die
anvisierten 500 Besucher? Apropos Besucher: Was, wenn
die in dieser Zahl ausbleiben? Was, wenn die lokale Presse
nicht, wie das Marketing es annimmt, kostenlos im Vorfeld über die Hausmesse berichtet, sondern auf kostspieli-
gen Anzeigen besteht?

Eine Risikoanalyse muss her, und zwar zum frühest-
möglichen Zeitpunkt – am besten schon während der
Ideensammlung. Sie ist bis Projektende laufend zu aktua-
lisieren, denn Risiken können immer auftreten. Die Analyse beinhaltet nicht nur, „was alles so passieren könnte",
sondern auch das größte Risiko, nämlich das Verfehlen
des Projektziels oder das unvorhergesehene, jähe Ende des
Projekts.

Vorher drüber nachdenken
Egal, ob es ein 2-Millionen-Projekt ist oder eines mit
Mini-Budget: Für eine Risikoanalyse muss Zeit sein,
ebenso für die Updates. Die wichtigsten Punkte, die zu
klären sind:

- Was genau könnte schieflaufen und wie reagiert das
  Team dann darauf?
- Welches Risiko verursacht Mehrkosten und wenn, wie
  viel?
- Wie lässt sich ein Plan B kurzfristig kommunizieren und
  umsetzen?
- Muss das Ziel eventuell sogar geändert werden? (muss
  z. B. die Hausmesse verschoben werden?)

Risiken zu kalkulieren, ist übrigens eine Teamaufgabe. Jeder muss wissen, was auf das Projekt zukommen kann und was dies im Einzelfall für das eigene Aufgabengebiet bedeutet. So kann jeder individuell vorsorgen (Eigenverantwortung!). Das geht freilich nur bedingt und auf das eigene Arbeitspaket beschränkt – trotzdem sollten alle gemeinsam Lösungen brainstormen und diese zusammentragen. Wichtig ist: Das Aufzeigen von Risiken soll nicht demotivieren. Dem Projektleiter obliegt es, sie als Chancen darzustellen und Eigeninitiative vom Team einzufordern. Manch einer blüht bei Krisen erst so richtig auf!

Realistische Bedenken
Nun ist eine Hausmesse in der Klinik ja kein Millionen-Projekt. Je größer und teurer aber ein Projekt angesetzt ist, desto relevanter wird die detaillierte Risikoanalyse – denn schuld ist am Ende immer der Projektleiter, wenn was schiefläuft! Sollte Ihr Auftraggeber oder jemand aus dem Team die Sache also auf die leichte Schulter nehmen wollen, setzen Sie sich durch und beziehen Sie weiterhin mögliche Risiken mit in den Plan ein.

Wie wahrscheinlich sind bestimmte Ereignisse?
Sie kennen Ihr Unternehmen und sicher auch die Macken mancher Mitarbeiter. Sie haben einen Kalender und wissen, wer wann im Urlaub ist, wann Brücken- oder Feiertage anstehen. Sie wissen dank Ihres detaillierten Projektplans auch, wann Sie mit welchem Etappenziel rechnen und mit dem Projektende. Fällt das ausgerechnet auf die Vorweihnachtszeit, in der jeder sich auf Urlaub freut und schon ziemlich ausgepowert ist? Dann ist die Lust auf Meetings und Überstunden längst im Keller – machen Sie

sich also rechtzeitig Gedanken, wie Sie Ihr Team motiviert durch diese letzte Phase bringen. Gehen Sie noch weiter und schätzen Sie die Wahrscheinlichkeit ein, dass...

- ... zusätzliche Geldmittel zu bestimmten Zeiten nicht oder nur mit viel Druck gewährt werden (zum Quartalsende, zum Jahresende)? Dass das Ganze überhaupt teurer werden könnte?
- ... Termine platzen oder sich zumindest zeitlich arg verschieben? Reichen die Zeitpuffer aus – sind schon drei Tage eine Katastrophe oder haben Sie einen Spielraum von drei Wochen?
- ... es technische Probleme gibt oder bestimmtes Fachwissen fehlt? Braucht es zu einer bestimmten Phase etwa einen Experten von außen?
- ... Verträge doch nicht so hieb- und stichfest sind, wie vermutet?
- ... Ressourcen, Zeitvolumen, Arbeitspensum falsch kalkuliert wurden, gar unterschätzt?
- ... Ihr Umfeld Probleme macht (siehe auch Abschn. 3.6)?

Eine Anleitung fürs Risikomanagement

a) Potenziell risikoreiche Arbeitspakete identifizieren und Konsequenzen für weitere Arbeitsschritte bedenken – Art des Risikos ermitteln (Umfeld-, Vertrags-, Technik-, Finanz-, Kapazitäts- oder Terminrisiko?)

b) Möglichen Schaden bei Risikoeintritt schätzen. Inwiefern beeinträchtigen diese den Projektverlauf? Gar nicht, sind nur Etappenziele gefährdet, oder steht die Ampel ganz auf Rot?

c) Was könnten die Ursachen und auslösenden Faktoren für Risiken sein?

d) Bei welchen Risiken kann der Projektmanager selbst noch die Verantwortung tragen und Schaden begrenzen? Wann muss die Entscheider-Ebene mit einbezogen werden?

e) Vorbeugen und korrigieren: Wo und wie kann das Team Risiken im Vorfeld minimieren, wo kann man nur im Nachhinein reparieren? z. B. bei Terminen, Ressourcen und Finanzen?

f) Maßnahmen schriftlich dokumentieren, Arbeitsanweisungen verfassen.

3.5   Der Auftraggeber: Keine Zeit für Ausflüchte

Sie haben es sicher schon geahnt: Für Migräne brauchen Sie nicht auf das nächste Hochdruckgebiet warten. Die Kopfschmerzzone beginnt für viele Projektleiter schon auf dem Flur zum Büro des Auftraggebers. Dessen Projekt-Laune kann wie das Wetter sein: Heute weht Ihnen ein strenger Wind entgegen, zwei Tage später herrscht wieder eitel Sonnenschein. Leider gibt es dafür keine Wetter-Prognose! Nicht selten sind Auftraggeber aber gar nicht greifbar, halten sich schön aus Entscheidungen raus – sie sind für den Projektleiter gerade dann nicht verfügbar, wenn es nötig wäre. Projektleiter kämpfen daher oft gegen Windmühlen. Das kostet Kraft und kann den Berufsalltag ziemlich trüben. Meist sind es folgende nervenaufreibende Aspekte, die sie umtreiben:

- Im Lenkungskreis bzw. auf der Entscheider-Ebene herrschen Unstimmigkeiten das Projekt betreffend. Der Projektmanager wird erst zum Blitzableiter und ist nach zeitraubenden Meetings genauso schlau wie vorher.
- Der Projektleiter kriegt den Auftraggeber erst gar nicht zu fassen, wertvolle Zeit verstreicht. Am Ende heißt es: „Wieso haben Sie als Projektleiter uns diese Information nicht eher zukommen lassen?"
- Auftraggeber halten besprochene Entscheidungen nicht ein oder weigern sich, wichtige Entscheidungen überhaupt zu treffen. Ausbaden muss dies am Ende der Projektleiter.
- Der Lenkungskreis oder einzelne Mitglieder lassen den Projektleiter gern mal auflaufen, halten selbst Informationen zurück und tragen so kleine Machtkämpfe aus.

Ich kann es nur wiederholen: Projektleiter sollten vor allem gute Kommunizierer sein. Daher ist für sie die beste Versicherung gegen flüchtige Auftraggeber oder unfaire Spielchen in den Entscheider-Etagen (die oft wegen der Angst vor Kontrollverlust stattfinden oder Ausdruck von Machtgehabe sind) die möglichst regelmäßige Kommunikation mit genau diesen Leuten.

- Der Lenkungskreis erhält von Ihnen jeden Monat oder besser alle 14 Tage einen Bericht zum Projekt-Status-quo im Vorfeld der Meetings per E-Mail – fordern Sie eine Lesebestätigung an und rufen Sie nach Versand der Mails zusätzlich bei den Entscheidern an („Habe Ihnen eben wichtige Infos zukommen lassen, damit Sie auf dem Laufenden sind.").

- Protokollieren Sie den wörtlichen Austausch mit den Entscheidern unmittelbar nach jedem Gespräch. Speichern Sie E-Mail-Verkehr, der sich aufs Projekt bezieht, in einem extra Ordner ab.
- Klopfen Sie eine Woche vor dem Meeting die Erwartungen des Lenkungskreises durch gezieltes Nachfragen per E-Mail an („Bitte teilen Sie mir bis Donnerstag mit, welche konkreten Fragen Sie aktuell zu unserem Projekt haben, damit ich Ihnen Details liefern kann.") Wer nicht darauf antwortet, ist selbst schuld!
- Bereiten Sie sich akribisch auf die Meetings vor, haben Sie für jeden Teilnehmer ein Handout dabei. Halten Sie 10-Minuten-Präsentationen, die prägnant und faktenreich sind. Gewöhnen Sie sich an, Ihren aktuellen Projektstatus in wenigen Sätzen zusammenfassen zu können, wie Schlagzeilen in der Zeitung.
- Beharren Sie auf offiziellen Teilabnahmen vonseiten der Entscheider, wenn Etappenziele erreicht wurden.

Warum das alles? Reicht es nicht, die Meetings auf sich zukommen zu lassen? Viele Entscheider sind nicht in der Lage, Projekte zu priorisieren – und in Unternehmen laufen oft mehrere Projekte parallel. Man scheut sich daher vor Definitionen und Kriterien, die den Projektmanagern die Arbeit erleichtern würden. Machtspiele in den oberen Etagen tun ihr Übriges, da will einer besser dastehen als der andere. Projektleiter lassen sich meines Erachtens oft zu schnell abwimmeln, sind nicht hartnäckig genug in berechtigten Forderungen, werden zum Spielball der Interessen anderer. Bauen Sie also vor und sorgen selbst dafür, dass der schwarze Peter bei späteren Problemen oder gar einer Zielverfehlung nicht auf Sie abgewälzt werden kann, sondern Ursachen in der Entscheider-Ebene zu suchen sind!

3.6   Gute (Un)Bekannte: Die Stakeholder

Was wissen Sie über Ihre Stakeholder? Kennen Sie überhaupt alle? Stakeholder sind Personen, Interessensgruppen oder Organisationen, die irgendwie vom Projekt betroffen sind oder ein gewisses Interesse daran haben (könnten). Das sind zum Beispiel all die Kunden, Lieferanten, Subunternehmer, andere Abteilungen oder externe Dienstleister, die selbst gar nicht aktiv am Projekt beteiligt sind, aber durch das Projekt beeinflusst werden – oder die selbst Einfluss auf das Projekt nehmen könnten. Nehmen wir das Beispiel „Grünes Label": Um die Zertifizierung zu bestehen, müsste das Unternehmen alle Drucksachen wie Broschüren, Visitenkarten sowie ihr Messestand-System nachweislich klimaneutral produzieren lassen. Die Haus- und Hofdruckerei, wo man seit 20 Jahren drucken lässt und entsprechende Konditionen erhält, bietet aber keine klimaneutrale Produktion an. Es müsste also mit der Druckerei verhandelt oder eine neue gesucht werden, was mit Aufwand und Kosten verbunden ist.

Spotlight auf die Stakeholder

Ein echter Stressfaktor für Projektleiter: Noch ein Stakeholder, den man nicht bedacht hat. Denn es gibt meist mehr von ihnen, als man denkt. Das zeigt sich etwa, wenn aufgrund des Projekts Abläufe und Prozesse als „Nebenprodukt" des Projekts geändert werden und die Linie davon betroffen ist. So ärgern sich die Kollegen aus dem Beispiel „Gesundes Unternehmen" darüber, dass sie tagelang den Aufenthaltsraum nicht nutzen können, weil hier ein Betriebsarzt einen freiwilligen Gesundheitscheck

durchführt. Das Projekt „Grünes Label" stößt dem Putz-
trupp sauer auf, weil nun mit biologisch abbaubaren Bio-
Tensiden gereinigt werden soll und die Putzfirma diese
Produkte eigens für diesen Kunden bestellen muss. Beide
Stakeholdergruppen – die Kollegen aus der Druckerei und
die Putzfirma – stellen zunächst auf „Durchzug", weil man
sie nicht frühzeitig mit einbezogen hat: Die einen schwän-
zen den Check-up und stellen sich demonstrativ zum Rau-
chen vors Fenster des Aufenthaltsraumes, die Putzfirma
„vergisst" schon seit einem Monat, auf die neuen Putzmit-
tel umzustellen. Das sind nur harmlose Beispiele, die ein
Projekt aber in Zeitnot bringen können. Zumindest brauchen Sie hinterher eine Engelsgeduld, verärgerte Stakeholder wieder ins Boot zu holen. Ein Betriebsrat dagegen,
den man „vergessen" hat, einzubinden, kann zum echten
Risiko für den Projektleiter werden.

Analysieren geht über Probieren
Stellen Sie die Geduld und Toleranz Ihrer Stakeholder
nicht lange auf die Probe und testen Sie vor allem nicht
in der Praxis, wer denn noch so betroffen sein könnte vom
Projekt. Die Stakeholder-Analyse sondiert die Personen
und Gruppen im Umfeld des Projekts nach Einflussnahme
und Beeinflussbarkeit. Sie ist eines der wichtigsten Pro-
jekt-Werkzeuge und sollte in der ersten Phase des Projekts
stattfinden. Was bringt Ihnen die Analyse?

- Erkennen aller Stakeholder auf einen Blick
- Die Möglichkeit, diese rechtzeitig zu informieren
- Eingehen auf Spezifika der einzelnen Zielgruppe

Je besser Sie Ihre Stakeholder kennen, desto mehr Glaubwürdigkeit und Vertrauen können Sie bei ihnen aufbauen. Das sichert Ihnen Unterstützung für Ihr Projekt und erhöht die Erfolgschancen. Grafisch darstellen kann man die Analyse mit der Stakeholder-Matrix bzw. dem Stakeholder-Portfolio (siehe unten).

Brisantes Stakeholder-Portfolio
Dieses ist ebenfalls eine grafische Darstellung in vier Feldern, die sich aus der eher theoretischen Analyse ergibt. Sie zeigt konkret, ob Stakeholder sich positiv, negativ oder neutral zum Projekt verhalten und inwieweit sie damit das Projekt beeinflussen (Vgl. Abb. 3.1).

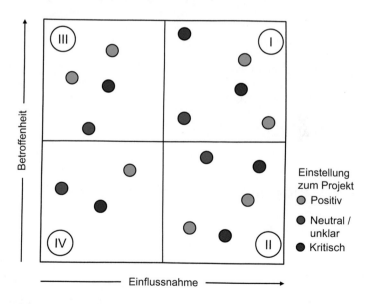

Abb. 3.1 Stakeholder-Portfolio. (In Anlehnung an Schelle et al. 2008)

Das Portfolio birgt unter Umständen echten Zündstoff – etwa, wenn es aufzeigt, dass ausgerechnet der wichtigste Lieferant zum Problem werden könnte – und sollte vertraulich behandelt werden. Machen Sie in Ihrer Stakeholder-Analyse so frühzeitig wie möglich kritische Personen oder Gruppen ausfindig und beziehen Sie diese so eng wie nötig, aber so entgegenkommend wie möglich mit ein:

- Informieren Sie betroffene, andere Abteilungen in einer Konferenz, übers Intranet oder die Hauszeitung etc. über das Projekt. Zeigen Sie ihnen ehrlich auf, inwiefern sie Auswirkungen spüren könnten.
- Teilen Sie Stakeholdern wichtige Meilensteine mit, von denen auch sie (in)direkt profitieren („Künftig arbeitet Ihr für das umweltfreundlichste Unternehmen der Region!")
- Bedanken Sie sich von Zeit zu Zeit für die Geduld oder das Verständnis Ihrer Stakeholder.
- Sind Kunden betroffen, muss mit ihnen besonders sensibel umgegangen werden („Wir wollen unseren Beitrag zur Klimarettung leisten. Machen Sie mit, indem Sie ab 1.1.2018 unsere Rechnungen nur noch auf elektronischem Weg anfordern…")

3.7   Plötzliche Planabweichungen

Ein Projekt, das genau nach Plan verläuft, ist reine Utopie. Irgendwas ist immer. Projektmanagement bedeutet im Grunde, den Projektplan und die Abweichungen davon in den Griff zu kriegen. Mal sind es kleinere Abweichungen, etwa auf der Zeitschiene, die auftreten. Das ist kein Problem, solange Ihr eingebauter Zeitpuffer dafür ausreicht.

Mal sind es aber größere „Baustellen", die sich auftun. Der Istzustand weicht zu stark vom Soll ab.

Solche Soll-Ist-Differenzen dürften weniger drastisch ausfallen, wenn von Anfang an sauber mit Projektplan, Risikoanalyse, regelmäßigen Jours fixes, Lenkungskreis-Meetings und Projektbericht gearbeitet wird. Gerade der Bericht zeigt stets in aktueller Form Soll und Ist im Vergleich auf. Letztlich gelingt Abweichungsmanagement nur, indem der Projektplan laufend, gewissenhaft und ehrlich mit den realen Geschehnissen verglichen wird. Ein paar weitere Hilfsmittel gibt es aber doch.

Das Magische Quadrat nutzen

Das Magische Dreieck kennen Sie sicher: Es visualisiert das Zusammenspiel der Projektparameter (Budget/Kosten, Leistung/Kapazität und Zeit) und zeigt, was eine Veränderung von einer Größe bei den anderen Parametern bewirkt. Eine Kostensteigerung kann sich beispielsweise negativ auf den Zeitfaktor auswirken, etwa, wenn Termine dann vorgezogen werden müssen. Dadurch muss auch das Team seine Leistung anpassen. Mir persönlich greift das Dreieck oft zu kurz und fasst Parameter etwas oberflächlich zusammen. Das „Magische Quadrat" setzt dagegen auf die Parameter Qualität, Umfang/Ziele, Zeit und Ressourcen (Team/Kapazitäten, auch Budget oder schlicht finanzielle und personelle Ressourcen) und ist damit flexibler als das Dreieck. Verändert sich ein Parameter, verzerrt sich das Quadrat zu einem (unförmigen) Trapez und zeigt deutlicher als das Dreieck, an welchen Ecken mit Verschiebungen zu rechnen ist und wie man ausgleichen kann (Vgl. Abb. 3.2).

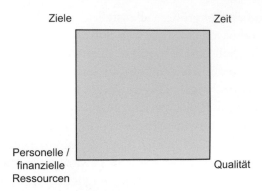

Abb. 3.2 Magisches Quadrat. (In Anlehnung an Schelle et al. 2008)

Meilenstein-Trends beobachten

Präventiv gegen zu große Differenzen wirkt etwa das Tool der Meilenstein-Trend-Analyse (u. a. Schelle 2008). Sie visualisiert die Meilensteine und ist ein wichtiges Controllinginstrument. Hier zeigt sich, ob und wann sich Meilensteintermine verschieben. Es gibt mehrere Formen der Darstellung, die allerdings keine genaue Analyse ersetzen. So kann man die Meilenstein-Trends als Tabelle, als Balkendiagramm oder als Diagramm grafisch umsetzen. Dazu braucht es nicht zwingend eine Projektmanagement-Software, sondern hier genügt, was PowerPoint, Word oder einfach zu bedienende Grafikprogramme bieten. Der Aufwand für die Soll-Ist-Darstellung sollte so gering wie möglich sein. Eine Ausnahme bildet hier das Balkendiagramm, sofern es sich um komplexere, groß angelegte Projektstrukturen handelt: Dann ist es tatsächlich oft besser, auf Profi-Software zu setzen.

Das Kind liegt schon im Brunnen

Nicht alle Probleme kann man vorausschauend verhindern. Welche Änderungen können das Projekt ins Wanken bringen, zumindest aber den Projektmanager ins Schwitzen? In der Praxis sind es vor allem drei Stolpersteine:

- Verzögerungen und Schwierigkeiten bei einzelnen Arbeitspaketen
- Störungen im gesamten Projektablauf oder in Teilen davon
- Veränderte Rahmenbedingungen

Oft lassen sich diese Probleme nur schwer voneinander abgrenzen – oder die Suche nach dem Anfang der Misere gestaltet sich schwierig und zeitraubend. Bis Produktmanagerin Susanne herausbekam, dass sie wegen des fehlenden Elektro-Fuhrparks (einer der wichtigsten Punkte im Kriterienkatalog zur Grünes-Label-Vergabe) in der Marketingabteilung nachforschen muss und nicht der Kollege schuld ist, der mit den Autohändlern in Kontakt steht, vergingen immerhin zwei Wochen. Wie sich herausstellte, hatten die beiden noch recht jungen Marketingmitarbeiterinnen (eine Ethnologin, frisch aus der Uni, und eine Absolventin der Journalistenschule) keinerlei Erfahrung im Umgang mit potenziellen Sponsoren. Susanne hat Glück im Unglück: In ihrem Team ist Michael, der in seiner Freizeit schon seit Jahren Wettkämpfe für Amateursportler organisiert und dafür Sponsorengelder sammelt. Er soll die Kolleginnen nun unterstützen. Allerdings fehlen ihm so mehrere Stunden, die er seinem eigenen Arbeitspaket widmen müsste. Das bedeutet: Die mangelnde Erfahrung des Marketing-Teams (das nicht Teil des Projektteams ist) sorgt knappe sechs Wochen lang für einen teilweise gestörten Projektablauf. Werden nun nicht genügend Sponsorengelder – die Geschäftsleitung stellt sich eine Summe von 10.000 € vor – gesammelt, ist fraglich, ob die Firma selbst das Projektbudget um diese Summe erhöht oder man die Anforderung gar nicht erfüllen kann. Beides würde die Rahmenbedingungen, um das Projekt doch noch erfolgreich beenden zu können, komplett auf den Kopf stellen.

Kurskorrekturen – wo möglich

Einzelne Arbeitspakete zu korrigieren, hört sich leicht an. Im Fall „Grünes Label" wurden an der „undichten Stelle" die Ressourcen in Form von Kollege Michael kurzfristig erhöht. Das klappt freilich nicht immer. Und erfordert oft das Einsparen von anderen Ressourcen an anderer Stelle. Ob das zu verantworten ist, muss das Team klären. Würde Michaels eigenes Arbeitspaket zu sehr darunter leiden, muss Susanne den Chef dazu überreden, den Damen vom Marketing ein Crash-Seminar in Sachen Sponsoring zu finanzieren oder besser gleich eine Agentur zu beauftragen.

Abläufe ausbügeln

Susanne hat mit ihrer Idee, Michael mit ins Boot zu holen, auf der einen Seite Zeit gespart – auf der anderen tickt die Uhr. Müssen Arbeitspakete korrigiert werden, sollte man wissen, in welcher Beziehung sie zueinander stehen. Im Projekt geschieht nichts isoliert: Änderungen bei A haben auch meist Konsequenzen für B und C. Susanne muss etwa durch konsequente, zusätzliche

Besprechungstermine beobachten, ob Michaels eigener Arbeitsbereich zu sehr zeitlich beschnitten wird. Aufgrund der Zeitverzögerung muss sie auch engeren Kontakt zum Marketing haben, um stets über den aktuellen Stand des Sponsoringbudgets informiert zu sein. Erst, wenn die 10.000 € zum Greifen nah sind, können der Autohändler kontaktiert und die Installation der E-Tankstation veranlasst werden.

Manchmal bietet es sich an, Arbeitsabläufe im Rahmen einer Korrektur zu parallelisieren, statt mit B zu warten, bis A fertig ist. Susanne kann dies momentan nicht tun. Aber sie entschließt sich nach einer Woche, nun wiederum Michael mit einem zusätzlichen Teammitglied zu unterstützen. Sie fasst sich außerdem ein Herz und informiert ihren Chef über das Sponsoring-Problem. Sie bewirkt, dass das Marketing-Team dem Projekt oberste Priorität einräumen darf – und sich die nächsten drei Wochen der Praktikant ums Intranet und Social Media kümmert, während die Damen die Telefondrähte zum Glühen bringen. Susanne hat damit die Kapazität im Marketing erhöht, zugleich einen Engpass an anderer Stelle ausgebügelt und auch noch Ärger mit dem Vorgesetzten vermieden.

Den Rahmen zurechtbiegen

Man kann Kapazitäten erhöhen oder Budgets. Man kann aber auch den Umfang reduzieren und Arbeitsaufwand einsparen. Susanne hätte auch die internen Umplanungen sein lassen und gleich eine Agentur mit dem Anwerben von Sponsorengeldern beauftragen können. Das hätte (überschaubare) Kosten verursacht, dem Team und sich selbst aber weniger abverlangt. Sie hätte auch das zuständige Teammitglied bitten können, den Markt doch noch einmal nach anderen, kostengünstigeren E-Modellen abzusuchen. Oder den Anforderungspunkt anders auslegen: Firmeninternes Carsharing in großem Stil hätte dann die Anschaffung von E-Autos ganz ersetzen können.

Risikoanalyse: Jetzt zeigt sich, wozu sie da ist
Klar – die Risikoanalyse, die den Projektplan von Beginn an begleitet, sollte eigentlich gegen Abweichungen absichern, beziehungsweise auf solche vorbereiten. Liegt die Analyse dem Plan schriftlich bei, müssten auch verschiedene Stakeholder, der Lenkungskreis und der Auftraggeber wissen, was passieren kann. Letzterer will freilich nichts von Abweichungen wissen. Das würde ja dem Projektleiter schließlich das Leben erleichtern! Am liebsten hätten Auftraggeber und Lenkungskreis einfach nur am Ende den erfolgreichen Projektabschluss präsentiert und wollen zwischendurch nicht mit Hiobsbotschaften belästigt werden. Oder? Das denken zumindest viele Projektleiter, denn Probleme fallen zunächst (auch unberechtigterweise) auf sie selbst zurück. Die Angst, zu versagen, und vom Auftraggeber abgebügelt zu werden, ist groß. Treffen mit dem Lenkungskreis in schwierigen Projektphasen bereiten auch hartgesottenen Projektleitern Kopfschmerzen bis hin zu echten psychosomatischen Störungen. Risikoanalyse, klare Definitionen für Projektziele, Arbeitspakete und gut verteilte Verantwortlichkeiten nehmen hier schon viel Ballast ab. Projektleiter, die mit einem freiwilligen, 14-tägigen Statusbericht an Auftraggeber und Lenkungskreis Informationen austeilen, sichern sich gegen Vorwürfe („Das hätten Sie uns mal früher sagen sollen.") ab. Fordern

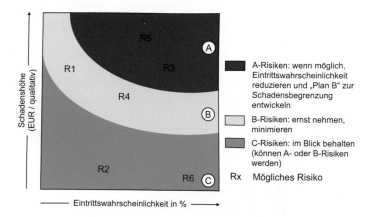

Abb. 3.3 Risiko-Portfolio. (in Anlehnung an Schelle et al. 2008)

sie auch vom Team solche Statusberichte über jeweilige Arbeitspakete ein, inklusive Zeitangaben („Wie viel Zeit ist für das Paket eingeplant, wo steht der Mitarbeiter gerade zeitlich"), sind sie auf der sicheren Seite.

Je besser Projektleiter ihr Team trotz Abweichungen am Arbeiten halten können, je souveräner sie das Projekt weiter steuern, desto erfolgreicher werden sie am Ende in ihrem Job sein (Vgl. Abb. 3.3).

Was zeigt die Risikoanalyse?

- Die Art der Risiken, die Ihr Projekt treffen können
- Die Wahrscheinlichkeit, mit denen diese eintreten
- Den qualitativen und quantitativen Schaden bei Eintritt
- Maßnahmen zur Reduktion von Eintrittswahrscheinlichkeit und/oder Schaden

3.8   Kommunizieren, was das Zeug hält

Die Erfahrung aus der Praxis zeigt: Ein Projektleiter muss ein guter Steuermann sein. Aber er muss auch gut im Kommunizieren sein. Er sollte ein Menschenkenner sein. Einer, der als Erstes den Dialog mit seinen Leuten sucht. Immer. Nicht nur, wenn es Probleme gibt.

Fester Termin fürs Team
Im Projekt gibt es eine Reihe institutionalisierter Kommunikationsformen, die einfach fester Bestandteil sein sollten. Eine davon ist der Jour fixe: Ein regelmäßiger, verbindlicher Termin für das ganze Projektteam, bei dem sich über den Status quo des Projekts ausgetauscht wird. Jours fixes sind meistens allerdings nicht gerade beliebt – kein Wunder! In der Praxis handelt es sich um ausufernde, langweilige Gesprächsrunden, bei denen oft nichts Konkretes herauskommt. Wenn dann Kollege Schlafmütze noch eine PowerPoint-Präsentation machen soll, sinkt die Stimmung auf den Nullpunkt. Vergessen Sie es! Ein ergebnisreicher Jour fixe…

… ist der, bei dem das Team im Mittelpunkt steht und nicht der Projektmanager.
… dauert nicht länger als 30 min. Nur in Ausnahmefällen wird es länger.
… beginnt mit einer kurzen (!) Anmoderation und Einführung in die Tagesordnungspunkte (TOP).

… hat einen Moderator, der den Zeitplan im Auge behält und sinnlose Diskussionen unterbindet.

… hat festgelegte Sprech-Zeiten für jedes Teammitglied.

… findet idealerweise zur Wochenmitte statt, am besten am Vormittag.

… bietet nach Abschluss dem Team die Gelegenheit, mit dem Projektleiter und/oder seinem Stellvertreter noch etwa 20 min zu sprechen.

…kann auch mal im Stehen und/oder im Freien stattfinden – nicht zwingend im Konferenzraum.

Projektleiter sollten für den Jour fixe also etwas mehr Zeit einplanen. Das Team wird mindestens 24 h vorher noch einmal per Mail an das Treffen erinnert. Das Jour-fixe-Protokoll schreibt reihum einmal jeder im Team – und zwar gleich währenddessen, um Aufschieberitis zu vermeiden. Innerhalb von einem Tag muss das Protokoll per Mail an alle verschickt sein. Erleichtern Sie als Projektleiter dem Protokollschreiber diese ungeliebte Arbeit, indem alle TOP per Beamer an die Wand projiziert werden. Gibt es keinen Beamer, fasst der Moderator jeden Punkt nach der Diskussionsrunde zusammen und schlägt vor, was davon ins Protokoll kommt. Die Runde segnet das ab oder fügt etwas hinzu – fertig!

Der Bericht zum Projekt

Schreibarbeit, die am Ende Stress spart, auch wenn niemand sie gerne erledigt: Der Statusbericht ist neben den Jours fixes das zweitwichtigste Kommunikationsinstrument. Während der Jour fixe eine reine Team-Veranstaltung ist und zur Kommunikation im und fürs Team dient, richtet sich der regelmäßige Statusbericht direkt an den Auftraggeber und den Lenkungskreis. Er enthält in Tabellen- oder Stichpunktform folgende Punkte:

- Aktueller Stand/Positives („Konnten Arbeitspakete X und Y eine Woche früher als geplant abschließen", ...)
- Laufende Aktivitäten („Wichtiger Meilenstein ist die Freigabe der neuen Software für Dokumentenmanagement am 1. Juni")
- Abweichungen, Probleme und eingeleitete Maßnahmen („Die Verzögerungen bei der Freigabe führen zum Risiko des verspäteten Projektabschlusses. Indikatoren dafür sind: ...")
- Notwendige Entscheidungen („Um den Projektendtermin zu halten und die Verzögerung auszugleichen, muss ...")

Wer es ganz genau nehmen will, fügt noch eine knappe Trendanalyse für die Meilensteine auf dem Weg vom Projektbeginn bis zum Ende ein, mit Angaben zu Soll- und Istzustand und einer Prognose. Optional lässt sich für die Ergebnisse im Statusbericht ein Ampelsystem einführen. Grün bedeutet „Projekt auf Kurs", Gelb „Entscheidungsbedarf vorhanden/ Abstimmung mit Management nötig" und Rot „Projekt gestoppt, wichtige Entscheidung nötig, bevor es weitergeht." Für Auftraggeber, die womöglich nicht viel Zeit und Lust haben, sich alles detailliert durchzulesen, mag so ein Ampelsystem schnell ersichtlich und praktisch sein. Empfehlenswert für jedes Projekt ist, von Beginn an eine saubere Kommunikationsmatrix aufzustellen. Diese sollte beinhalten:

- Wer berichtet?
- Warum?
- Was?
- Wann?
- An wen?

Auftraggeber, Lenkungskreismitglieder, die Geschäftsführung, diverse Management-Positionen und der Betriebsrat können hierbei auch eine Rolle spielen. Generell können sich Projektleiter an die Faustregel halten, die Verantwortlichen zumindest 14-tägig zu informieren. Beim Thema Reporting sollte ein Link zu Stakeholdermanagement und Projektmarketing nicht fehlen; nehmen Sie hier die Adressaten mit auf. Es versteht sich von selbst, dass Projektleiter den Statusbericht selbst schreiben. Grafiker Lars, der sich um eine gesündere Arbeitsumgebung bei der Megadruck GmbH kümmern darf, tut dies als Wochenabschluss am Freitagnachmittag – das macht seinen Kopf frei fürs Wochenende. Er empfindet es als befreiend, den aktuellen Projektstand noch mal aus der Vogelperspektive zu betrachten, bevor es am Montag weitergeht.

Unbewusst kommuniziert zählt auch

Kommen wir zur „soften Seite" des Projektgeschäfts, die im Management immer noch gern belächelt wird. Lassen Sie die anderen doch denken, was sie wollen. Wer zuletzt lacht, ist der Projektleiter, der folgendes berücksichtigt: Gerade im eng gesteckten Rahmen der Teamarbeit im Projekt mischt die Körpersprache bei Gesprächssituationen gut und gerne zu 90 % und mehr mit. Es gibt viele

Studien zur nonverbalen Kommunikation; eine der einflussreichsten stammt von Albert Mehrabian (1971). Seine psychologischen Experimente zeigten unter anderem, dass 55 % der Information über das Gesicht vermittelt werden, 38 % über die Stimme und nur sieben Prozent rein verbal. Die meiste Zeit achten wir unbewusst eher auf das, was wir beim Gegenüber sehen: Wie steht oder sitzt er/sie da, was vermitteln Mimik und Gestik? In welcher Stimmlage spricht er?

> Marketingleiter Klaus aus der Reha-Klinik betritt den Konferenzraum für den wöchentlichen Jour fixe. Seine Leute sitzen schon da, manche blättern in ihren Unterlagen. Pflegedienstleiterin Renate jedoch guckt ihn schon so herausfordernd an. Klaus kommt sie recht selbstgefällig vor, wie sie so dasitzt mit übereinandergeschlagen Beinen und etwas vom Tisch abgerückt. Sie hat mal wieder einen Stapel Ausdrucke auf dem Schoß und wird ihn wie gewohnt gleich beim zweiten Satz mit irgendwelchen Studienergebnissen unterbrechen, auf die doch bitte bei der Hausmesse dringend hingewiesen werden solle. Renate, gut 20 Jahre älter als Klaus und lange an der Klinik tätig, verunsichert ihn oft. Sein Blick fällt dann auf Kollegin Iris, die entspannt am Kaffee nippt und sich ihm aufmerksam zuwendet. Selten drängt sie sich in den Vordergrund, und was sie bei der Fragerunde im Meeting beiträgt, hat Hand und Fuß. Klaus fasst einen mutigen Entschluss, auch wenn ihm das keine Sympathiepunkte bei Renate einbringen wird: "Renate, bitte führe uns heute mal durch die Agenda, Du bist ja immer gut informiert." Renate zuckt kurz zusammen, fügt sich dann aber und macht die Sache gar nicht so schlecht. Klaus sucht sich derweil Iris als ruhenden Pol aus – irgendwas an ihrer Haltung entschleunigt seinen Puls und gibt ihm Selbstvertrauen. Und das liegt nicht etwa daran, dass Iris eine attraktive Erscheinung ist. Sie zeigt im Gegensatz zu Renate keine überlegen wirkende Körperhaltung, die Klaus das Gefühl vermittelt, sie brächte ihm keinen Respekt

entgegen. Iris' Körpersprache strahlt Gelassenheit und Ruhe aus. Durch eine bequeme Sitzhaltung etwa, einen auf der Lehne abgelegten Arm und einen entspannten Gesichtsausdruck („Ich höre Dir zu").

Konzentrieren wir uns auf einen solchen Ruhepol wie Iris, ruhen auch wir mehr in uns selbst – und machen weniger Fehler, als wenn unser Körper als Reaktion auf einen vermeintlich mächtigeren Interaktionspartner in Verteidigungshaltung geht. Nicht umsonst sprechen wir von „Hahnenkämpfen" und „Zickenkriegen", die uns den Berufsalltag manchmal schwer machen. Unsere Körpersprache ist und bleibt ein Karrierefaktor, der gerade in der Projektarbeit unbedingt berücksichtigt werden sollte.

Falschen Alarm vermeiden

Der Projektleiter steht in puncto Körpersprache in einer besonderen Verantwortung: Seine Haltung, Gestik und Mimik kann vom Team schnell missverstanden werden, da das Team von ihm Führung und Orientierung erwartet. Ein ständig angestrengter Gesichtsausdruck, eine gebeugte Haltung und hochgezogene Schultern signalisieren den Kollegen: Das ist einer im Dauerstress, irgendwas stimmt nicht mit unserem Projekt. Das kann demotivierend wirken oder Alleingänge provozieren („Bevor wir den Projektleiter mit unserem Anliegen stressen, probieren wir's auf unsere Art"). Dabei gab's vielleicht am Wochenende einfach nur Ärger daheim. Ein Projektmanager ist schließlich auch nur ein Mensch! Er darf allerdings nicht erwarten, dass jemand aus dem Team ihn darauf anspricht, um Zweifel zu zerstreuen. Umgekehrt sollten Teamleiter nicht zögern, einen Kollegen auf sein Befinden anzusprechen, sollte ihnen eine ähnliche negative Körpersprache und -haltung an ihm auffallen.

Auf die Botschaft kommt es an

„Alles klar, Meier?" – „Passt schon, Chef." Miteinander reden fällt vielen Menschen überraschend schwer. Erwachsene Menschen in verantwortungsvollen Positionen sollten doch nicht gerade damit Probleme haben. Die Wahrheit ist, dass Projektarbeit kein Kaffeekränzchen ist. Zeit für persönliche Gespräche muss mühsam freigeschaufelt werden – besser, sie wird fest eingeplant, zum Beispiel regelmäßig in bereits beschriebener 20-Minuten-Runde am Jour fixe. Jeder darf frei formulieren, was ihn stört oder freut, ohne verurteilt zu werden.

Um es mit Kommunikations-Guru Friedemann Schulz von Thun zu sagen: Kommunikation hat viele Gesichter, und eine Äußerung kommt bei mehreren Zuhörern unterschiedlich an. Sie kann sachlich daherkommen, als Selbstkundgabe, als Appell gar oder als Beziehungsbotschaft, wie Schulz von Thun es formuliert (Schulz von Thun 2010). Als Projektleiter hat zum Beispiel Klaus von der Reha-Klinik vier Kommunikations-Möglichkeiten (nach der „Vier-Ohren-Methode" von Schulz von Thun), auf Kollegin Renate und ihre Kommentare zuzugehen. Begrüßt sie ihn montagmorgens schon mit einem geschäftigen „Ich habe übers Wochenende im Internet wieder einige höchst interessante Beiträge über die Zukunft der Pflege gefunden, die habe ich dir gleich ausgedruckt...", könnte Klaus folgendes heraus hören:

a) Sie hat Zusatz-Infos gesammelt und will die Infos Klaus zeigen (Sachbotschaft).
b) Klaus soll sich bitte am besten sofort Zeit für sie nehmen (Appell).

c) Sie findet die Infos interessant und wichtig (Selbstkund-gabe).

d) Sie ist der Meinung, Klaus ist als Projektleiter auf dem falschen Weg oder gar unfähig (kritische Beziehungs-botschaft) – alternativ: Sie schätzt Klaus und unterstützt ihn, wo sie es für wichtig hält (positive Beziehungsbot-schaft).

„Du"-Botschaften kommen oft lehrerhaft und wenig sub-til daher. Sie zwingen den anderen in eine Verteidigungs-haltung und werden als Schuldzuweisung aufgefasst. Mehr Bereitschaft zur Klärung kann erwarten, wer formuliert, was er persönlich empfindet.

3.9 Konflikte lässiger lösen

Konflikte im Projekt sind in der Regel zwischenmensch-licher Natur. Abweichungen vom Plan zu managen, ist gegen einen ausgewachsenen sozialen Konflikt im Team bisweilen ein Kinderspiel! Der Projektleiter ist hier nicht selten als Mediator, zumindest aber als guter Zuhörer und Beobachter gefragt. Dazu braucht es Erfahrung und Gespür, Empathie und überhaupt Konfliktbereitschaft – falsches Harmoniestreben oder Wegschauen macht alles nur noch schlimmer. Die Kunst ist also, einen Konflikt zu erkennen und ihn dingfest zu machen. Diese beiden Schritte gehören zusammen.

Nehmen wir Pflegedienstleiterin Renate. Sie nervt nicht nur Projektleiter Klaus mit ihren „wichtigen Details", „neuesten Statistiken zum Thema Pflege" und eigenständigen Recherchen, sondern auch den Rest des Teams – schließlich ist sie Dienstälteste im Projektteam und kennt die Klinik „wie ihr zweites Zuhause". Sie ist mit den Ärztlichen Direktoren auf Du und Du, worauf sie sich eine Menge einbildet und bei jeder Gelegenheit dezent auf ihre Kontakte im Haus hinweist. Sie könnte gerne hier und da für Klaus ein gutes Wort bei XY einlegen... dabei hat Klaus das nicht nötig und fühlt sich von ihr als inkompetent hingestellt. Renate ist aus ihrer Rolle im Team gefallen und muss wieder integriert werden, um die gestörte Kommunikation im Team zu kitten.

Wenn der Charakter im Weg steht

In den meisten Fällen geht es bei solchen Konflikten nicht um die Kompetenz des Störenfrieds, sondern um Charaktereigenschaften, die in der Gruppenarbeit hinderlich sind. Das Thema des Konflikts ist also nicht ein fachliches – auch mag der Betreffende gut in seiner Aufgabe sein –, sondern es betrifft das Verhalten des Teammitglieds und seine Art, zu kommunizieren. Den Stein des Anstoßes zu erkennen ist die Voraussetzung, den Konflikt zu lösen: Hat Renate Angst, sonst nicht ernst genommen zu werden? Beharrt sie auf ihrem Status als Dienstälteste im Team, weil sie insgeheim fürchtet, als alt und unbeweglich zu gelten? Sitzt sie deshalb stundenlang am PC und surft im Internet nach Studien und Beiträgen, weil die jungen Kollegen viel mehr am Computer arbeiten als sie? Sollte man gerade wegen ihrer Erfahrung öfter ihren Rat suchen? Es mag befremdlich klingen, dass auch Konflikte ihre Qualität haben.

Konfliktauslöser können zu jedem Zeitpunkt des Projekts zum Ausbruch kommen. Klassische Beispiele wie eine gestörte Kommunikation gibt es viele: Beschuldigungen und Missverständnisse, Sympathien und Antipathien, kurz: Die ganze Bandbreite menschlicher Gefühle und Befindlichkeiten kann vorkommen und die Menschenkenntnis des Projektleiters herausfordern.

Auf Konflikte reagieren Projektmanager mit ihrer eigenen Strategie:

- Der eine vermeidet von vornherein jeden Konflikt.
- Der andere lässt Konflikte zu, handelt aber nicht.
- Für manchen ist ein Konflikt ein willkommener Wettkampf, den es zu gewinnen gilt.
- Der eine lässt Konflikte zu, will sie aber nicht lösen.
- Der andere wünscht sich eine gemeinsame Lösung.

Egal, ob es ein Problem gibt, das die ganze Gruppe betrifft oder einen Einzelnen, Konflikte lassen sich nur mit dem Instrument Kommunikation lösen. „Aktives Zuhören" ist dann die Lösung.

Aktiv zuhören bedeutet:

- Die eigenen Interessen (zunächst) zurückstellen, unparteiisch bleiben.
- Das Gehörte in eigenen Worten wiederholen zum besseren Verständnis.
- Emotionen heraushören und ansprechen.
- Erst verstehen, dann verstanden werden.
- Wertschätzung und ehrliches Interesse am Gegenüber zeigen.
- Sich in den anderen hineinversetzen.

Zur Konfliktlösung tragen auch folgende Anregungen bei (in Anlehnung an das „Harvard Konzept" nach Roger Fisher und William L. Ury (2013)) Das Sachthema vom Menschen trennen. Wichtig sind nur Interessen, keine Positionen. Es ist besser, mehrere Lösungsalternativen zu erarbeiten, als nur einen Kompromiss zu entwickeln. Das Ergebnis des Konfliktgesprächs sollte von den Betroffenen noch einmal gemeinsam betrachtet werden. Wenn die Balance zwischen eigenen Bedürfnissen und denen der anderen Teammitglieder wieder stimmt, haben beide Seiten gewonnen – setzt sich nur einer durch, haben Sie schon bald wieder die alte Situation.

3.10 Projektmanager sind nicht allein

Nein, das sind sie wirklich nicht. Trotzdem sind sie diejenigen, auf die man gern alle Last abschiebt, wenn's kritisch wird. Dass Projekte teilweise oder sogar komplett scheitern, kommt täglich in der Unternehmenspraxis vor. Dann liegt es freilich nicht an falsch bemessenen Ressourcen, an fehlenden Projektzielen und ungenauer Planung, auch nie an der Entscheider-Ebene – sondern immer am Projektleiter. Stellen wir also klar: In der Realität sind an einem Projekt sehr viele Menschen beteiligt, die der Projektleiter beizeiten in die Pflicht nehmen darf und muss.

Das Team I: Raum für Wachstum
Nur, weil Projektleiter ein Team um sich haben, heißt das noch lange nicht, dass dieses auch teamfähig zusammenarbeitet. Weder kann man Teamfähigkeit von

Projektmitgliedern erwarten, noch bedingungslosen Einsatz fürs Projekt, noch eigenverantwortliches Arbeiten. Allenfalls darf man voraussetzen, dass die Leute im Laufe des Projekts zu einem Team zusammenwachsen, sich gemeinsam weiterentwickeln und den Wert der Eigenverantwortlichkeit entdecken. Projektleiter, die gerne Verantwortlichkeiten delegieren und auf Eigeninitiative setzen, sollten davon ausgehen, dass ihre Teammitglieder so in den eigenen Abteilungen gar nicht arbeiten (dürfen) – die plötzliche Freiheit und Wertschätzung ist also Neuland für sie. In der Regel handelt es sich bei Teammitgliedern ja auch um Spezialisten aus der Linie, die dort oft als Einzelkämpfer unterwegs sind. Was Sie als Projektleiter tun können, damit aus einem Haufen Einzelkämpfer eine Gruppe wird, die sich einigermaßen motiviert in die Projektarbeit reinhängt:

- Sinn, Zweck und Ziel des Projekts muss für alle klar sein. Das verbindet! Wiederholen Sie immer wieder, wofür das Team momentan zusammenarbeitet.
- Lassen Sie jedes Teammitglied dezidiert wissen, wozu es gebraucht wird. Welches sind die Talente, Ressourcen und persönlichen Eigenschaften, die es zum Team gehörig machen?
- Vereinbaren Sie gemeinsame Standards: Wie werden Aufgaben delegiert? Wie miteinander gesprochen, auch bei Meetings? Gibt es interne Team-Regeln? Letzteres schafft Verbindlichkeiten untereinander.
- Optional: Unternehmen Sie während der Projektlaufzeit wenigstens zwei Mal etwas mit Ihrem Team. Das kann auch etwas so Simples sein wie gemeinsam ein Länderspiel schauen oder Pizza für alle kommen lassen.
- Seien Sie Ihrem Team ein Vorbild und verhalten sich genauso teamkompetent, wie Sie es vom Team erwarten.

- Oft kommen Teammitglieder aus Abteilungen, die sich gegenseitig Konkurrenz machen oder gar „verfeindet" sind. Da genügen schon Gerüchte, die sich in einer Firma hartnäckig halten („Die Jungs aus der IT sind doch alle Schnarchnasen." – „Die vom Marketing haben doch eh einen leichten Job im Gegensatz zu uns.") Das gemeinsame Projektziel muss daher immer präsent sein, um das Team zusammenzuhalten. Konflikte aus der Linie haben im Projekt nichts zu suchen.
- Letztlich bringt nicht der einzelne Spezialist das Projekt ans Ziel, sondern das Team: Nötigenfalls muss auch das so oft wie möglich kommuniziert werden.

Das Team II: Aufgaben perfekt verteilt

„Toll, ein Anderer macht's!" In diesem Fall hat die ironische Übersetzung des Team-Begriffs etwas Wahres an sich. Als Projektleiter haben Sie übergeordnete Aufgaben und sind dazu da, mit Ihrem Führungs-, Verhandlungs- und Kommunikationsgeschick Projekt und Team zu schaukeln. Das geht nur, wenn Sie Aufgaben richtig delegieren können. „Wozu soll ich delegieren? Jeder im Team hat doch sein Arbeitspaket und weiß, was er zu tun hat!" Und? Klappt das in der Praxis reibungslos? Oder bleibt doch Woche für Woche immer mehr an Ihnen hängen? Weil Sie doch der Projekt-Chef sind und damit gleich selbst...? Dieses sind die Spielregeln für richtiges Delegieren:

- Für klare Aufgabenverteilung sorgen
- Den Rahmen dafür schaffen (zeitlich realistisch, Sinn und Ziel erläutern)
- Für Informationsfluss sorgen, d. h. keine Infos zurückhalten

- Kompetenzen und Verantwortlichkeiten gleichwertig regeln (siehe auch: RASCI-Matrix)
- Fähigkeiten erkennen (nicht überfordern)
- Beobachten, wo und wie sich jemand steigert (zum Beispiel in seiner Kompetenz)
- Teammitglieder interessiert begleiten
- Delegierte Aufgaben kontrollieren
- Mitarbeiter loben, Erfolge feiern und an die Chefetage weitergeben

Die Linie: Keine faulen Kompromisse

Wider besseres Wissen verlassen sich Projektmanager gern darauf, dass die Linie ihnen zugesagte Ergebnisse, Ressourcen oder Aufgabenpakete termingerecht liefert. In der Praxis passiert dies recht selten reibungslos, was in der Natur der Sache liegt: Wer Teil eines Projektteams ist, ist immer auch noch seiner eigenen Abteilung verpflichtet. Projekte bedeuten für Mitarbeiter meistens Überstunden und mehr Stress, ohne dass dies vom Linienvorgesetzten besonders honoriert wird. Im Gegenteil: Dieser muss oft gegen seinen Willen akzeptieren, dass eigene Mitarbeiter für Projekte zeitweise oder sogar ganz abgezogen werden. Umgekehrt wird das Projekt oft Opfer der Umstände, wenn nämlich die Linie aufgrund eigener Ziele ein hohes Arbeitspensum erfordert, oder der Mitarbeiter die Linie aus bestimmten Gründen vorzieht (zum Beispiel weil ihm Sonderzahlungen oder eine Beförderung winken). Das Projekt steht dann an zweiter Stelle; wenn der Linienchef ruft, steht der Mitarbeiter Gewehr bei Fuß. Es gibt freilich auch Mitarbeiter, die sich zwischen Projekt und Linie aufarbeiten und am Ende krankheits- oder stressbedingt ausfallen. Was tun?

- Kluge Projektleiter beugen vor. Sie schließen vor Projektbeginn „Verträge" mit der Linie bzw. den einzelnen Abteilungen, aus denen Experten für das Projekt benötigt werden. Darin legen sie mit den Linienvorgesetzten die Kapazität an Personal fest, welche die Linie verschmerzen kann.

Beispiel

Fürs Projekt sind 60 Tage angesetzt, die Linie billigt 40 Tage zu. Nun kann mit der Linie verhandelt oder das Projekt zeitlich entsprechend angepasst werden. Ersteres wäre dann die Aufgabe des Auftraggebers. Hält die Linie ihre Zusage nicht ein und stellt ihre Leute etwa nur für 35 Tage bereit, zwingt sie die eigene Unterschrift zum Handeln.

- Diese Überlegung kann auch von Projekt zu Projekt individuell stattfinden. Dann wird schnell klar, ob das Projekt überhaupt machbar ist mit den vorhandenen Mitarbeitern, oder ob man die Linienkapazitäten überfordert.
- Oft fehlt es in der Linie generell an Akzeptanz von und Toleranz für Projekte(n). Wenn Projekte nicht selbstverständlich in der Unternehmenskultur verankert sind und nie z. B. in der Firmenzeitschrift, in der Öffentlichkeitsarbeit, bei Mitarbeiterversammlungen oder Meetings thematisiert werden, haben Projektleiter es doppelt schwer.

Der Lenkungskreis: Braucht klare Ansagen

Lenkungskreise werden ihrem Namen nur selten gerecht, sind aber wichtige Entscheider in Projekten. Um sie kommt der Projektleiter nicht herum, und zu Recht graust so manchem regelrecht vor dem nächsten Lenkungskreis-Meeting. Das findet meistens nur alle paar Wochen oder einmal im Quartal statt und sieht das Projekt nur als einen von Dutzenden Tagesordnungspunkten – entsprechend gut vorbereitet sollten Projektleiter ins Meeting gehen, wenn sie jenes mit konkreten Entscheidungen oder Zusagen wieder verlassen wollen. Die Praxis sieht aber oft anders aus: Projektleiter werden vertröstet oder regelrecht abgebügelt, auf Entscheidungen warten sie vergebens. Manchmal sind sie selbst schuld: Sie bringen seitenweise Unterlagen mit, langweilen das Gremium mit langatmigen Ausführungen und stellen Probleme in den Vordergrund. So ziehen Projektleiter ihren Lenkungskreis auf ihre Seite:

- Sie bereiten eine acht- bis zehnminütige Präsentation vor und stellen sich auf eine Fragerunde im Anschluss ein. Darauf sind sie natürlich ebenfalls perfekt vorbereitet mit erforderlichen Zahlen und Fakten sowie Einschätzungen, die vorab mit dem Team besprochen wurden.
- Das Gremium erhält eine gute Woche vor dem Meeting ein einseitiges (!) Schriftstück, das ihm die nötige Entscheidung plausibel darlegt. Eine ausführliche Fassung mit mehr Eckdaten gibt's zum Beispiel per E-Mail oder Ausdruck (die aber vermutlich niemand komplett lesen wird).
- Projektberichte sind inhaltlich positiv und strukturiert aufgebaut nach dem Muster: Termine, Personal, Stand der Kosten, Ergebnisse. Das schafft Orientierung beim

Lesen. Zu jedem der vier Punkte liefern ein, zwei Sätze den Status quo. Das Ganze im übersichtlichen Ampel-Stil dargestellt, spart Zeit beim Lesen.

- Ein Problem, über das das Gremium aufgeklärt werden muss und von dem eine Entscheidung über das weitere Vorgehen abhängt, wird im Anschluss so sachlich und konkret wie möglich geschildert.
- Projektmanager sollten darauf vorbereitet sein, dass das Gremium ihnen Handlungsoptionen vorschlägt oder ihnen gar auf eine einzige festklopfen will. Der Projektmanager müsste also ad hoc dazu in der Lage sein, sich darauf einzulassen. Also: Schon vorher mit dem Team Optionen durchgehen und klären, was passiert, wenn das Gremium A oder B vorschlägt. In der Hinterhand hat der Projektleiter dann selbst drei Optionen, die er im Gegenzug vorschlägt. Mit den entsprechenden Konsequenzen, Vor- oder Nachteilen.
- Von vornherein klare Prioritäten (z. B.: Das Budget darf maximal um 5 % überschritten werden oder Qualität ist wichtiger als das Kostenlimit) im Projekt und genaue Definitionen von Zielen und Erwartungen erleichtern die Entscheidungsfindung des Lenkungsgremiums und verhindern Zeitverzögerungen.

Externe Auftragnehmer und Lieferanten: Keine Rechnung ohne sie

„Es ist zum Haare-Raufen! Schon fünfmal angerufen und sieben E-Mails verschickt…" Werden im Rahmen des Projekts externe Firmen oder Expertenwissen hinzugezogen, muss von ihrer Seite aus termingerecht geliefert werden. Klappt das nicht, hat das oft empfindliche Folgen fürs Projekt. Das gleiche gilt für Lieferanten, die zum Zeitpunkt X beispielsweise nötige Maschinen, technische Infrastruktur oder ähnliches bereitstellen sollen. Zwar wurde die Ware bestellt, über den Liefertermin aber macht man sich kaum Gedanken. Sieht die Risikoanalyse oder der Zeitplan des Projekts einen Lieferverzug vor? Oder die verspätete Lieferung von externem Fachwissen?

Die Reha-Klinik etwa hat ein kleines Marktforschungsinstitut beauftragt, pünktlich zur Hausmesse eine repräsentative Umfrage unter Privatpatienten zu ihren Reha-Erfahrungen zu liefern. Bis zum vereinbarten Termin zwei Wochen vor der Hausmesse hat das von Jungunternehmern geführte Start-up jedoch nicht die dafür erforderliche Teilnehmerzahl erreicht. Entweder nimmt man nun mit einer nicht-repräsentativen Umfrage vorlieb (und kassiert einen ordentlichen Rabatt aufs Honorar) oder vertraut darauf, dass das Start-up binnen zwei Wochen zu Potte kommt… Hier ein paar Tipps, um nicht durch Dritte in Verzug zu geraten:

- Nur mit Dienstleistern zusammenarbeiten, die man bereits gut kennt, die man empfohlen bekommen hat oder die namhafte Referenzen vorweisen können.
- Bereits bekannte Dienstleister haben eher Scheu, treue Auftraggeber durch Lieferverzug zu verärgern.
- Vergleiche mit ähnlichen Dienstleistern schaden nicht. Falls vorhanden, sollte der interne Einkauf den Projektleiter mit seinen Erfahrungswerten unterstützen.
- Vereinbarte Lieferzeiten, nicht nur für Waren, sondern zum Beispiel auch für Fachwissen oder kreative Arbeiten (wie der grafische Entwurf zu einer Broschüre) müssen unbedingt im Projektplan festgehalten werden.
- Solche Termine werden an die Auftraggeber weitergeleitet mit dem Hinweis, dass man selbst über externe Dienstleister kaum Kontrolle hat.
- Apropos Kontrolle: Die ist in jedem Fall nötig. Bestellen und dann in aller Ruhe abwarten ist nicht. Je nach

Auftragsgröße sollte gut sechs Wochen vor Liefertermin mit 14-tägigen Kontrollanrufen nach dem Stand der Dinge gefragt werden. Die erhaltenen Auskünfte („Sind gut in der Zeit – die 32-seitige Broschüre befindet sich gerade im 2. Korrekturdurchlauf!") müssen schriftlich bestätigt sein, am besten mit einer E-Mail vom Projektleiter („Vielen Dank für das heutige Telefonat mit Ihrer Mitarbeiterin XY. Sie bestätigte uns, dass... Bitte bestätigen Sie mir den Eingang dieser E-Mail.")

- Je unzuverlässiger der Lieferant oder Auftragnehmer scheint, desto häufiger die Kontrollen. Zur Not auch persönlich vor Ort. Das dann bitte getarnt als „Besuch aus Interesse", um die Mitarbeiter des Lieferanten nicht zu verschrecken. Die können schließlich dafür nichts.
- Generell gilt: Nur Aufträge, die keinesfalls in Eigenleistung vom Unternehmen gestemmt werden können, werden nach außen vergeben.

Wenn persönlich vorbeischauen nicht möglich ist und sich externe Zulieferer „tot" stellen: Aktivieren Sie die Rufnummern-Unterdrückung Ihres Telefons. Werden Sie mal so richtig unangenehm – so, wie Sie es gegenüber einem anstrengenden Auftraggeber, einem launischen Lenkungskreis oder einem teamunfähigen Team niemals sein könnten. Das befreit unglaublich und hat den positiven Nebeneffekt, dass man nun Ihren Wünschen rasch nachkommen wird, bevor Sie noch länger nerven. Kleine Bitte zum Schluss: Sie sind und bleiben in Ihrer Führungsrolle ein Vorbild. Rasten Sie also nur aus, wenn's nicht mehr anders geht. Und dann genießen Sie es.

Literatur

Blanchard K et al. (2015) Führungsstile. Rororo Sachbuch, Reinbeck

Fisher R, Ury WL (2013) Das Harvard-Konzept. Der Klassiker der Verhandlungstechnik. Campus, Frankfurt a. M.

Mehrabian A (1971) Silent Messages. Wadsworth, Belmont

Schelle H et al. (2008) ProjektManager. GPM Deutsche Gesellschaft für Projektmanagement e. V., Nürnberg

Schimmel-Schloo M, Seiwert LJ (2002) PersönlichkeitsModelle. Gabal, Offenbach

Schulz von Thun, F (2010) Miteinander reden 1–3 Bd.3. Rowohlt Taschenbuch, Reinbeck

www.scrum.org oder www.scrum.de (hier finden Sie den Scrum-Guide). Zugegriffen: 02. Feb. 2017

Wenn Sie sich für Scrum interessieren, sind auch diese Bücher empfehlenswert:

Pichler R (2007) Scrum – Agiles Projektmanagement erfolgreich einsetzen. dpunkt Verlag, Heidelberg

Schwaber K, Sutherland J (2013) Software in 30 Tagen: Wie Manager mit Scrum Wettbewerbsvorteile für ihr Unternehmen schaffen. dpunkt Verlag, Heidelberg

Weitere Informationen zur Meilenstein-Trend-Analyse finden sich auch hier:

Högsdal A (1998) Meilenstein-Trendanalyse (MTA). In: Reschke H, Schelle H (Hrsg) Handbuch Projektmanagement. GPM & TÜV, Rheinland

4

Schlusswort

Am Ende eines langen Projekttages…

… ist ein Projektmanager auch nur ein Mensch (wie übrigens auch alle Chefs, Vorstände, Stakeholder und wem er sonst noch Rechenschaft schuldig ist), der täglich wieder die Wahl hat: Einfach oder kompliziert. Die schiere Menge an Projekten, die in deutschen Unternehmen Jahr für Jahr bewältigt und neu angesetzt wird, zeigt: Er hat einen krisensicheren Job. Dies im zweideutigen Sinne, denn, ja, Krisen gehören zum Projektgeschäft auch dazu. Meine Erfahrung aus vielen Jahren im Projektmanagement ist: Viele Projektleiter machen sich, zusätzlich durch ohnehin schon stressende Faktoren, selbst das Leben schwer. Oft können sie zum Beispiel nicht glauben, dass simple Lösungen bei Problemen meist die besten sind. Es gibt für zahlreiche Standard-Probleme in Projekten jede Menge erprobte Tools, die man einfach nach Schema F

© Springer Fachmedien Wiesbaden GmbH 2017
M. Blaschka, *Der Anti-Stress-Trainer für Projektmanager,*
DOI 10.1007/978-3-658-15860-6_4

einsetzen kann und darf. Ebenso ist eine einfache, aber oft gescheute Methode, Probleme anzusprechen und offenzulegen, statt sie lange zu verschweigen und im Verborgenen selbst in den Griff kriegen zu wollen. Einfach sagen, wie's ist! Tatsache aber ist, dass viele Projektleiter lieber „noch mal schnell die Welt retten" wollen, bevor es ins Meeting mit dem Lenkungskreis geht, und sich damit eher tiefer ins Schlamassel graben als nötig. Projektarbeit heißt daher vor allem: Erfahrung in Menschenkenntnis sammeln. Lernen, mit Überraschungen, Frustration und (menschlichen) Enttäuschungen umzugehen. Erkennen, dass jedes neue Projekt seine eigenen Probleme mit sich bringt und das als Herausforderung betrachten. Es ist letztlich ein Wachsen an sich selbst und seinen Fähigkeiten, das einem auch persönlich sehr viel bringen kann. Für alle, die das Projektgeschäft aus einer anderen Perspektive sehen und gern mal darüber lachen wollen, habe ich hier einen abschließenden Buchtipp: „Alle ziehen am selben Strang. 55 Mythen des Projektmanagements" (Tumuscheit 2013).

Literatur

Tumuscheit KD (2013) Alle ziehen am selben Strang. 55 Mythen des Projektmanagements. Orell Füssli, Zürich

Printed in the United States
By Bookmasters